KLEINE DEUTSCHE GESCHICHTE

Rolf Hellberg

Kleine deutsche Geschichte

von den Anfängen bis zur Gegenwart

GRABERT-TÜBINGEN

Druck: Deile, Tübingen
Satz und Umschlaggestaltung: Grabert-Verlag, Tübingen
Schutzumschlagmotiv: Werner Peiner,
›König Heinrich I. in der Ungarnschlacht‹

Die Deutsche Bibliothek – CIP-Einheitsaufnahme

Hellberg, Rolf:
Kleine deutsche Geschichte von den Anfängen
bis zur Gegenwart / Rolf Hellberg.–
Tübingen : Grabert-Verlag, 1997
ISBN 3-87847-160-2

ISBN 3-87847-160-2

© 1997 Grabert-Verlag
Postfach 1629, D-72006 Tübingen

Gedruckt in Deutschland

Inhaltsverzeichnis

6

VORWORT

Als die *Kleine deutsche Geschichte* vor nahezu zwanzig Jahren erstmals – in anderer Form – herauskam, fiel ihr Erscheinen in eine Zeit der Vernachlässigung und der Verdrängung der Geschichte. Politiker und öffentliche Meinung hatten sich zudem weitgehend mit der deutschen Spaltung abgefunden, und an die deutschen Ostprovinzen jenseits von Oder und Neiße sowie an das Sudetenland dachte kaum noch jemand. In meinem Vorwort sprach ich damals (1979) den Wunsch aus, daß das Buch auch »die gemeinsame Geschichte als verbindende Klammer im mehrfach geteilten Deutschland aufzeigen« möge.

Inzwischen ist Bewegung in die Geschichte Mitteleuropas geraten, durften die Deutschen in einem viele tief aufwühlenden Vorgang die kleine Wiedervereinigung von West- und Mitteldeutschland erleben, setzten die Deutschen zwischen Elbe und Oder in einer friedlichen Revolution ihren Wunsch nach Freiheit und Verbindung mit dem westlichen Teil ihres Volkes als ersten Schritt zur deutschen Einigung durch. Doch dieser geschichtliche Augenblick wurde nicht zu einer umfassenden geistigen Wende genutzt: Politiker und Massenmedien zeigten sich ihrer historischen Aufgabe nicht gewachsen, auch eine neue geistige Wirklichkeit zu schaffen und die verbindende geistige Brücke zwischen den seit Jahrzehnten durch verschiedene Weltbilder einander entfremdeten Teilen zu schlagen. Die Art und Weise der wirtschaftlichen Angliederung zerschlug außerdem unnötig viel Porzellan in den neuen Bundesländern. Um so wichtiger ist es, daß die Deutschen nun bald zueinander finden, und das Besinnen auf wie das Wissen um die gemeinsame Herkunft und das gemeinsame Schicksal können dazu wesentlich beitragen.

Dasselbe gilt im Hinblick auf die bevorstehende weitere Einigung Europas. Die Staatengemeinschaft kann nur blühen, wenn ihre in langen Zeiten gewachsenen Völker ihren gemeinsamen Ursprung kennen, sich ihrer Eigenarten bewußt bleiben und die einander so verwandten Kulturen auch weiterhin pflegen.

Daher sind Geschichtswissen und Geschichtsbewußtsein unverzichtbare Grundlagen einer modernen Zukunft Deutschlands und

7

Europas. Eine weithin noch herrschende Beschränkung auf die Zeit des Dritten Reiches und eine vorwiegend moralische Betrachtung der Geschichte genügen nicht, sondern verbauen eher die Zukunft. Sie können Wissen und Wahrheit nicht ersetzen. Diese zu suchen war immer ein besonderes Anliegen der Deutschen seit den Tagen des Mythos, als Odin eines seiner Augen für die Weisheit gab. Auch die heutige Jugend fragt wieder danach, woher sie kommt, und ist mit Recht mißtrauisch gegen Ideologen. Der Wissen und Wahrheit suchenden Jugend unseres Volkes sei daher im besonderen dieses Buch gewidmet.

Dem Geschehen um Ostdeutschland – dem vielhundertjährigen Siedlungsraum der Deutschen östlich der Oder und Neiße – und dem Sudetenland wie auch der Geschichte Österreichs ist bewußt breiter Raum gewidmet worden, da sich in diesen Landschaften seit Jahrtausenden germanisch-deutsches Schicksal abgespielt hat und sich auch in Zukunft gestalten wird. Drängende Fragen sind hier zukunftsträchtig zu lösen.

Durch den Zeitablauf und wegen neuer Erkenntnisse seit der ersten Auflage war eine umfassende Überarbeitung erforderlich geworden. Hinzu kam die notwendige Erweiterung um die Geschichte der beiden letzten Jahrzehnte. Die hinzugefügten Personen- und Literaturverzeichnisse dürften auch hilfreich sein. So ist ein neues Buch entstanden, dem ein leicht veränderter Titel und die verbesserte Form Ausdruck geben. Dafür bin ich Herrn Wigbert Grabert als Verleger und Herrn Claude Michel als Anreger und Gestalter sehr dankbar.

München, im Februar 1997   DER VERFASSER

Goldgefäße von Depenau und Albersdorf (um 1300 d.d.Ztr.)

Vor- und Frühgeschichte

Durch viele Funde sind die körperlichen Stufen der Menschwerdung weitgehend bekannt. Vor rund 25 Millionen Jahren ist die Trennung des Menschenzweiges vom Zweig der Menschenaffen vollzogen, setzen aufrechter Gang und Gebrauch roher Steine als Waffen ein. Seit 5 Millionen Jahren werden vom Vormenschen (**Ramapithecus**) behauene Stein-, Knochen- und Holzwerkzeuge benutzt und wird Großwild gejagt. Beim Urmenschen (Pithecanthropus) setzt vor rund 700 000 Jahren eine schnelle und starke Vergrößerung des Gehirns ein, das beim Neandertaler vor rund 100 000 Jahren mit 1400 ccm ungefähr die Größe des Gehirns des heutigen Menschen erreicht hat.

Vor etwa 700 000 Jahren geht der Urmensch über den tropischen Landschaftsgürtel hinaus. Seit rund 500 000 Jahren finden wir seine Spuren auch in Europa (Heidelberg-Mensch vor 350 000, Steinheim-Mensch vor 250 000, Neandertaler vor 150 000 bis 30 000 Jahren). Die großen letzten Eiszeiten (Mindel-Eiszeit 450 000–350 000; Riss-Eiszeit 260 000–160 000; Würmeiszeit 90 000–10 000 v. Zw.) kann der Mensch in Europa durch Benutzung des wärmenden Feuers und Rückzug in die eisfreie Schelf- und Küstengebiete des Atlantiks überstehen. Funde zeigen, daß schon vor 300 000 Jahren Urmenschen in Spanien mit Feuer Elefanten jagen.

Die viele Jahrzehntausende währenden Eiszeiten prägen den Menschen in Europa. Man nimmt an, daß während dieser Zeiten sich die Merkmale der weißen Rasse ausbilden.Die unwirtlichen Naturbedingungen üben eine harte Auslese, die nur die widerstandsfähigsten und intelligentesten Gruppen überleben läßt. Die Warmzeiten zwischen den Eiszeiten ermöglichen dann eine größere Vermehrung und Ausbreitung der unter den harten Naturbedingungen entstandenen Menschengruppen.

Vor rund 35 000 Jahren erscheint in einer kürzeren wärmeren Zwischenzeit der Würmeiszeit der **Cro-Magnon-Mensch** in Europa, der direkte Vorfahr des heutigen Menschen und ihm im Gegensatz zu den früheren Menschenformen auch im Gesicht sehr ähnlich. In kurzer Zeit verschwindet dann überall der hier vorher beheimatete Neandertaler, offenbar von dem zwar zierlicheren, aber geistig weiter entwickelten Cro-Magnon-Typ verdrängt.

Als Jäger mit höchst verfeinertem Stein- und Knochenwerkzeug bevölkert der Cro-Magnon-Mensch in Gruppen die Tundren der letzten Eiszeit und bewohnt die Höhlen der Mittelgebirge. Er schafft die kunstvollen Höhlenmalereien in Spanien und Südfrankreich. Die hochentwickelte Jagdtechnik ermöglicht, anscheinend verbunden mit bewußter Bevölkerungsbeschränkung, bei dem vorhandenen Reichtum an Großwild ein durchaus erträgliches Leben.

Als vor rund 12 000 Jahren sich die Eiszeitgletscher endgültig aus Mitteleuropa zurückziehen, verschwindet mit den Tundren das Großwild nach Norden. Die Altsteinzeit endet. Nach Jahrhunderttausenden sehr langsamen zivilisatorischen Wandels entstehen in den nächsten wenigen Jahrtausenden in der ›neolithischen Revolution‹ mit der Zähmung der Haustiere und dem Beginn des Ackerbaues die Voraussetzungen der ersten Hochkulturen.

INDOGERMANEN

Die **mittlere Steinzeit** (Mesolithikum) von 10 000 bis 5000 v. Zw. bringt mit einer Erwärmung einen tiefgreifenden Wandel der Umwelt. Der Wald breitet sich aus, dadurch wird Jagdbeute seltener. Tierzucht und später Ackerbau werden zum Überleben notwendig, erlauben andererseits eine starke Bevölkerungsvermehrung. Als ältestes Haustier wird der Hund gezähmt, danach Schaf und Ziege. Die Töpferei entwickelt sich.

In der **Jungsteinzeit** (Neolithikum) von 5000 bis 1800 v. Zw. ist der Mensch in Europa Hirte, Bauer oder Fischer, zähmt Rind, Pferd und Schwein und wird seßhaft. Auf den Lößböden werden Gerste, Weizen und Hirse angebaut.Hochseetüchtige Boote erlauben Züge über See.

Neben den Kulturen im Orient lassen sich in Mitteleuropa drei große Kulturkreise feststellen: die **donauländische** oder **bandkeramische Kultur** von der Ukraine bis zum Rhein, eine Bauernkultur mit Spiralornamenten; die **westeuropäische Kultur** von Spanien bis England mit vorwiegend Viehzucht und Großsteingräbern aus Findlingen oder Felsplatten; die **nordische Kultur** um Nord- und Ostsee, eine Bauernkultur mit großen Dolmen, Steinkammern, Hünenbetten und Ganggräbern als lange benutzte Sippengräber. Die älteste jungsteinzeitliche Grabform, der Dolmen, besteht meist aus drei bis fünf Tragsteinen mit einem darüberliegenden Deckstein. Dolmen gibt es im nordischen Kulturkreis in Norddeutschland, Dänemark und Schweden. In Norddeutschland sind nur wenige Riesensteingräber erhalten geblieben. Das eindrucksvollste Hünenbett ist der ›Visbeker Bräutigam‹ bei Ahlhorn südlich von Oldenburg mit 105 m Länge; in der Nähe liegen die ›Visbeker Braut‹ und die ›Glaner Braut‹ mit kürzerer Einfassung von Randsteinen zur Stützung des Langhügels. Diese Großsteingräber erweisen sich als Jahrtausende älter als die Pyramiden.

In der Jungsteinzeit wird für die Sprachwissenschaft das **indogermanische Urvolk** faßbar, ein Gruppenverband vorwiegend nordischer Rasse mit der indogermanischen Ursprache. Aus seiner in Mittel- oder Osteuropa gelegenen Heimat wandern ab etwa 3000 v. Zw. größere Gruppen ab und gründen in der Ferne als die dann geschichtlich greifbaren indogermanischen Völker Hochkulturen. Ein Teil erreicht um 1500 v. Zw. das Industal. Diese arischen Inder halten sich mit Hilfe des Kastenwesens lange Zeit als Herrscherschicht über der Vorbevölkerung. In ihrer indogermanischen Sprache, dem Sanskrit, haben sie herrliche Zeugnisse hoher Dichtung und Philosophie (*Veden*, *Bhagavadgita*) hinterlassen. Die **indogermanischen Tocharer** gelangen bis China. Die **indogermanischen Perser** errichten das persische Großreich. Sie haben eine Lichtreligion (Zarathustra). Über den Balkan und auf dem Seeweg von der Nordsee her ziehen seit dem 3. Jahrtausend ›Nordvölker‹ bis Ägypten und hinterlassen unter anderem in den Hethitern und Philistern (Phöniziern) Volksteile. Sie bringen wichtige Kulturerrungenschaften wie die Schrift, Metallverarbeitung, Hochseeschiffahrt, astronomisches und mathematisches Wissen, Großsteingrabbau mit. In der **dorischen und ionischen Wanderung** kommen um 1000 v. Zw. Indogermanen nach Griechenland und werden in den folgenden Jahrhunderten zu Schöpfern der klassischen griechischen Kultur. Etwa gleichzeitig dringen andere Indogermanen über die Alpen und bilden als **Italiker** um Rom die Grundlage des späteren Römerreiches. Nahe der indogermanischen Urheimat bleiben in Mitteleuropa die **Germanen** und **Kelten**. In dieser großen Ausbreitung indogermanischer Völker sind Menschen vorwiegend nordischer Rasse bis weit nach Asien, Nordafrika und Südeuropa gelangt. In den ersten Jahrhunderten nach der Landnahme durch Gesetze an der Vermischung mit der Vorbevölkerung gehindert, haben sie große Kulturen geschaffen. Später zerfallen die Reiche, die Kulturen vergehen.

NORDISCHE BRONZEZEIT

In der Jungsteinzeit sind die Germanen wahrscheinlich durch eine Verschmelzung zweier nordischer Sondergruppen entstanden, der beweglichen **Schnurkeramiker** oder **Streitaxtleute** mit den beharrlicheren **fälischen Bauern.** Die nordische Bronzezeit (1800–800 v. Zw.) ist eine künstlerische Hochzeit des Germanentums. Begünstigt durch ein wärmeres Klima als heute, erlebt die germanische Bauernkultur Norddeutschlands und Südskandinaviens eine Zeit des Reichtums und des Friedens.

Viele Funde zeugen vom Goldreichtum der Zeit und der hervorragenden Handwerkskunst bei der Verarbeitung der Edelmetalle. Die **Zisleiertechnik** erlebt eine kaum zu überbietende Blüte. Hauptmotive sind Spirale und Rad, Mäander und Hakenkreuz, Sinnbilder der Sonne und des ewig umlaufenden Lebensrades. Der im Moor von Trundholm (Dänemark) gefundene Sonnenwagen ist ein derartiges Prachtstück. Die kunstvollen Bronzeluren, mehrfach paarweise in dänischen Mooren gefunden, werden als Musikinstrumente bei der Sonnenverehrung benutzt sein. Das besterhaltene Sonnenmal und zugleich kultische Feierstätte ist Stonehenge im englischen Wiltshire, das mehrere Jahrhunderte lang benutzt und erweitert wird (2800-1300 v. Zw.). Räder, Sonnen und Göttergestalten treten auch bei den vielen Felsritzungen dieser Zeit auf, die sich vor allem in der Landschaft Bohuslän in Südwestschweden finden. Die dabei vorkommenden Schiffszeichnungen deuten bereits den Typ des späteren Drachenschiffes der Wikinger an.

Die Toten werden in der älteren Bronzezeit vorwiegend im heutigen Dänemark, aber auch noch südlich der heutigen dänischen Grenze in Baumsärgen aus halbierten und ausgehöhlten Eichenstämmen in ihrer wollenen Tracht mit ihren bronzenen Waffen und Schmucksachen in einem Hügelgrab beigesetzt. Später setzt sich die Urnenbestattung nach der Verbrennung des Toten anfangs noch in Grabhügeln und danach in Urnenfriedhöfen durch. Bei Wildeshausen in

Niedersachsen findet sich ein Feld mit einigen hundert erhaltenen bronzezeitlichen Grabhügeln.

Typische Waffen sind das formvollendete **germanische Griffzungenschwert** und der Rundschild mit dem häufig in kostbarer Goldschmiedearbeit ausgelegten Buckel. Die Schiffe der bronzezeitlichen Germanen befahren bereits die Hochsee und gelangen, auch mit Ochsentrecks beladen, bis ins Mittelmeer und nach beiden Amerikas. Naturgetreue Abbildungen treten auch an gleichzeitigen Reliefs ägyptischer Bauwerke auf. Die Germanen sind glattrasiert, das Haar wird auch geflochten (Suebenknoten). Sie tragen Hosen und in einem Stükke gewebte Mäntel.

GERMANEN UND KELTEN

Zu Beginn der Bronzezeit (1800–800 v. Zw.) sind die Germanen und Kelten als getrennte Kulturgemeinschaften der westlichen Indogermanen vorhanden. Die **Germanen** bewohnen zunächst die Landschaften um die Ostsee: Südskandinavien, Dänemark, Schleswig-Holstein und Mecklenburg, später auch Pommern und das nördliche Niedersachsen. Eine stärkere Ausdehnung setzt um 1000 v. Zw. ein, so daß um 500 v. Zw. ganz Norddeutschland bis zu den Mittelgebirgen und Holland, im Osten Ostdeutschland bis zur Weichsel von ihnen besiedelt sind. Die Blütezeit der **Kelten** (Hallstadt-Kultur), die nach Süden gedrückt werden, ist die Eisenzeit (ab 800 v. Zw.). In ihrer großen Ausbreitung um 400 v. Zw. gelangen die Kelten von Süddeutschland und Österreich bis Spanien und Britannien, im Südosten den Balkan hinab bis Kleinasien (Galater).

Durch eine Kette von Burgen und befestigten Städten in den deutschen Mittelgebirgen können die Kelten das Vordringen der Germanen nach Süden für längere Zeit aufhalten. In den letzten Jahrhunderten v. Zw. dringen die Germanen dann entlang der großen Ströme Rhein, Main, Elbe und Oder weiter nach Süden. Zu Beginn unserer Zeitrechnung haben sie den Ober- und Hochrhein (Sueben) und die Donau erreicht und ganz Böhmen und Mähren (Markomannen) besiedelt. Im östlichen Gallien kommen sie mit den Römern in Berührung, die kurz vorher Gallien besetzt haben. An Oder und Weichsel und bis zum Dnjepr siedeln die Ostgermanen.

Ab 2000 v. Zw. trennen sich die Germanen durch die 1. germanische Lautverschiebung sprachlich stärker vom Indogermanischen. Langsam bilden sich mit **West-** und **Nordgermanen**, von denen sich später zwischen Oder und Dnjepr die **Ostgermanen** abspalten, Volksgruppen, die jeweils in eine Reihe von Stämmen zerfallen. Zu den Westgermanen gehören die Chatten, Ubier, Tenkterer, Cherusker, Friesen, Brukterer und Sueben, zu den Nordgermanen die Jüten, Dänen und Svea, zu den Ostgermanen die Goten, Vandalen, Silingen und Heruler. Neben der allmählichen Ausdehnung der germanischen Siedlungsgebiete nach Süden und Osten treten die ersten großen Wanderungen ganzer Volksteile auf, Vorboten der großen germanischen Völkerwanderung. Die **Kimbern** und **Teutonen**, durch Unbilden von Meer und Klima sowie wachsende Bevölkerungszahl aus Jütland vertrieben, ziehen auf Landsuche durch das heutige Deutschland und Österreich und nach mehreren Siegen über römische Heere (113 v. Zw. Noreja) jahrelang durch Oberitalien und Südfrankreich. Schließlich werden sie einzeln von dem römischen Feldherrn Marius bei **Aquä Sextiä** (102 v. Zw. Teutonen) und bei **Vercellä** (101 v. Zw. Kimbern) vernichtend geschlagen. Die über den Oberrhein nach Gallien unter **Ariovist** eingedrungenen Sueben werden 58 v. Zw. vom römischen Feldherrn Cäsar im Elsaß geschlagen und über den Rhein zurückgedrängt.

KULTUR DER GERMANEN

Über die Kultur, die Sitten und Gebräuche der Germanen um den Beginn unserer Zeitrechnung sind wir durch römische Schriftsteller ziemlich gut unterrichtet. Danach sind die Germanen ein Volk **hoher Kultur auf bäuerlicher Grundlage.** Die allgemeinen Angelegenheiten werden auf dem **Thing**, der zu festgelegten Zeiten tagenden Volksversammlung, geregelt, wo jeder waffenfähige Mann Stimmrecht hat. Die **persönliche Freiheit** wird hoch geachtet. Nur in Kriegszeiten werden Heerführer gewählt. Mittelpunkt des germanischen Lebens sind die Familie und Sippe. Die Frau steht in hohem Ansehen, die Ehe ist heilig. Ehebrecher werden im Moor versenkt. Angesichts der Sittenlosigkeit im alten Rom rühmen die römischen Schriftsteller die guten germanischen Sitten und die Reinheit des

Lebens. Das germanische Dorf wird von mehreren Sippen bewohnt. Eine Landschaft bildet einen Gau, von denen ein Stamm mehrere bewohnt. Mehrere Stämme können eine gemeinsame Kultgemeinschaft bilden und ein zentrales Heiligtum besitzen wie beim Semnonen-Hain oder bei den Externsteinen.

Ursprünglich besitzen die Germanen nach wohl früherer Sonnenverehrung aus ihrem indogermanischen Erbe den **Eingottglauben** mit dem indogermanischen Himmelsgott **Ziu** oder **Tyr**. Die ganze Natur gilt als göttlich. Kultfeiern finden unter freiem Himmel in heiligen Hainen, auf Berggipfeln oder an Quellen statt. Die **Sonne** gilt als Symbol des Lebens. Später, vor allem in der kriegerischen Völkerwanderungszeit, treten weitere Götter auf: der Kriegsgott **Wodan-Odin,** der ein Auge für die Weisheit opferte, mit den Walküren, seinen Schlachtjungfrauen; der Bauern- und Gewittergott **Donar-Thor** mit seinem Hammer; die Göttermutter **Freya** als Beschützerin des Herdes und der Familie; der Lichtgott **Baldur** mit seinem Gegenspieler, dem listigen **Loki**. Eine Priesterkaste gibt es nicht, Stammes- oder Sippenälteste führen die kultischen Handlungen aus, teilweise auch angesehene alte Frauen. Tempel und Götterbilder gibt es erst in den letzten germanischen Jahrhunderten.

Die freien Bauern, die den Hauptteil des Volkes ausmachen, besitzen das Land in Gemeinschaftseigentum. Nur Haus und Hof und alles, was darinnen ist, bilden das Privateigentum der Familie. Die Dorfgemeinschaft regelt durch den ›Flurzwang‹ die Bestellung und Fruchtfolge, meist in **Dreifelderwirtschaft**. Während bis zur Zeitwende das Ackerland noch jährlich verteilt wird, entwickelt sich später auch Privateigentum am Boden, das **Allod**. Der als Gemeinschaftseigentum verbleibende Teil an Wald, Weide und Ödland ist die Allmende. Daneben tritt weithin Einzelhofsiedlung auf. Als ältestes Handwerk steht die Schmiedekunst in hohem Ansehen. Handel wird vor allem mit Pelzen und Bernstein getrieben. Die ›Bernsteinstraßen‹ verlaufen von der Ost- und Nordsee über die Alpen in die Mittelmeerländer.

ARMINIUS – HERMANN DER CHERUSKER

Durch den Sieg über die Sueben (58 v. Zw.) und Verträge mit den rechtsrheinischen germanischen Ubiern (55 v. Zw.) rückt **Cäsar** den römischen Machteinfluß bis an den Rhein, den er zweimal kurzzeitig überschreitet. Der römische **Kaiser Augustus** beschließt, das ganze rechtsrheinische Germanien zu erobern. Von 15 bis 13 v. Zw. unterwerfen seine Feldherrn **Drusus** und **Tiberius** die Westalpen und Süddeutschland bis zur Donau. Von 12 bis 9 v. Zw. dringt Drusus mehrmals vom Rhein bis zur Weser und Elbe vor. Seinem Nachfolger Tiberius unterwerfen sich die dort lebenden germanischen Stämme außer den Sugambern und Markomannen, die unter ihrem jungen König Marbod nach Böhmen ziehen.

Nachdem ein Teil der Langobarden nach Osten über die Elbe ausgewichen ist, ist um 5 v. Zw. das Land westlich der Elbe, des Erzgebirges und des Böhmerwaldes unter römischem Einfluß. Als Tiberius in den folgenden Jahren in Süddeutschland durch Kämpfe gegen die Markomannen gebunden ist und **Varus** als Statthalter in Germanien römisches Recht und Steuern einführt, bereitet **Arminius**, ein junger adeliger Cherusker, der eine Zeitlang in Rom als Offizier gedient hat, geschickt einen großen Befreiungskampf vor. Durch vorgetäuschte Aufstände lockt er im Jahre 9 n. Zw. Varus mit drei Legionen in ein unwegsames Waldgelände am **Teutoburger Wald** und vernichtet dort in einer dreitägigen Schlacht die römischen Truppen, so daß nur wenige Reiter sich zum Rhein durchschlagen können. Alle rechtsrheinischen Germanen werfen nun die Römerherrschaft ab.

Nach Kaiser Augustus' Tode nimmt 14 n. Zw. der römische Feldherr **Germanicus**, ein Sohn des Drusus, den Krieg gegen das freie Germanien wieder auf. In mehreren Rachefeldzügen zieht er bis zur Weser, zum Teil von römischen Flotten unterstützt, die über die Nordsee auf Weser und Ems nach Germanien eindringen. Am Ort der Varusschlacht bestattet er die sechs Jahre vorher gefallenen Römer. Auf der Ebene von **Idistaviso** an der Weser kommt es zu einer unentschiedenen Schlacht, vor der es über die Weser hinweg ein Gespräch des die Germanen anführenden Arminius mit seinem bei den Römern noch dienenden Bruder Flavus gegeben haben soll: Symbol uneinigen Germanentums. Am **Angrivariervall** zwischen Steinhuder Meer und Weser erleiden die Römer große Verluste, weitere, so wird wenigstens nach Rom gemeldet, durch Stürme auf der Nordsee, nachdem der Rest des Heeres sich eingeschifft hat, um den Germanen zu entkommen. Kaiser Tiberius ruft daraufhin Germanicus aus Germanien ab, der die durch Verrat in seine Hände gefallene Frau

17

des Arminius, Thusnelda, im Triumphzug in Rom vorführen kann. Durch Arminius' Tat bleibt somit das rechtsrheinische Germanien von römischer Herrschaft frei, behält seine Freiheit, seine Sprache, sein Recht und seinen Glauben, wird nicht wie Gallien romanisiert. Nachdem Arminius noch über Marbod gesiegt hat, wird er im Jahre 21 mit 37 Jahren durch Verwandte ermordet. »Unzweifelhaft ist er der Befreier Germaniens«, schreibt Tacitus.

FREIES UND RÖMISCHES GERMANIEN

Nach dem Scheitern der römischen Eroberungspläne für Germanien folgen Jahrzehnte der Ruhe, nur unterbrochen durch kleinere örtliche Kämpfe und den Bataveraufstand ab 69 unter **Julius Civilis,** der das südliche Holland von den Römern befreit. Der spätere Kaiser Trajan schließt als römischer Statthalter am Rhein von 96 bis 98 mit den rechtsrheinischen Germanen Verträge ab, die lange gehalten werden. Gewählte Könige herrschen über die freien Germanenstämme, die von den Römern jährlich ›Geschenke‹ erhalten.

Zum Schutz der römischen Gebiete in Süddeutschland (Zehntlande) wird ab 88 der **Limes** gebaut, ein Grenzwall mit Palisaden und Graben und Wachttürmen in Sichtweite, der sich von Koblenz am Rhein über den Taunus (Kastell Saalburg) durch die Wetterau zum Main und von dort über Lorch bis zur Donau bei Regensburg hinzieht. Nördlich und östlich davon bilden Rhein und Donau die Grenze des römischen Gebietes gegen das freie Germanien. Hinter dem Limes liegen Kastelle mit römischen Truppen und Legionsorte. Aus den größeren entwickeln sich die Städte wie Mainz, Ladenburg, Straßburg, Rottenburg. Der römische Handel mit dem freien Germanien ist beträchtlich.

Durch die Kaiserwirren und den Verfall der römischen Währung sehen die Germanen um 230 die Verträge als von den Römern nicht mehr erfüllt an und bestürmen in zunehmendem Maße den Limes. Zunächst können sie von den Römern noch zurückgeschlagen werden. Einzelne Stämme (Usipeter) werden von den Römern als ›Verbündete‹ auf das linke Rheinufer herübergeholt und im römischen Belgien angesiedelt. Im Jahre 259 **stürmen die Alemannen den Mittelteil des Limes** und besetzen das Neckarland. Gleichzeitig

18

überschreiten die Franken den Niederrhein; ein Teil dringt bis Spanien vor und setzt nach Nordafrika über. Einzelne Scharen ziehen kämpfend jahrelang durch Frankreich, die Schweiz und Norditalien. Die Markomannen überschreiten die Donau und gelangen bis vor Ravenna und Rom; sie werden dann von den Römern als ›Verbündete‹ in Nordpannonien angesiedelt. Nach der Ermordung des römischen Kaisers Aurelian stürmen die Germanen 275 den Rest des Limes. Unter Kaiser Diokletian kann um 285 die Rhein-Donau-Grenze noch einmal für kurze Zeit von den Römern gehalten werden. Bis 375, dem Beginn der eigentlichen Völkerwanderung, sind auch die Gebiete um die obere Donau bis zum Bodensee und ganz Flandern von freien Germanen besiedelt.

Die Germanen siedeln als freie Bauern auf dem Land. Die römischen Städte verfallen, einige wenige können sich mit sehr verminderter Bevölkerungszahl als Handelsmittelpunkte halten. In Germanien haben sich inzwischen einige größere Stämme gebildet. In Norddeutschland werden **Friesen** und **Sachsen** durch die Weser getrennt. **Angrivarier** und an der Elbe gebliebene **Langobarden und Sueben gehen in den Sachsen auf. An der Weichselmündung sitzen die Gepiden,** südöstlich davon die **Goten.** Die Stämme um den mittleren Rhein bilden den Verband der Franken. Ganz Südwestdeutschland haben die **Alemannen** erobert, Nachkommen der Sueben.

VÖLKERWANDERUNG

Um 370 bricht das asiatische Reitervolk der **Hunnen** durch Südrußland nach Europa ein, die **germanische Völkerwanderung** beginnt. Die germanischen Reiche der Heruler am Schwarzen Meer, der Ostgoten zwischen Don und Weichsel, der Gepiden in Polen, der Rugier in Ostpommern werden unterworfen, die Männer zur Kriegsfolge gezwungen. Die **Westgoten** weichen über die Donau nach Süden aus und werden von den Römern in Bulgarien angesiedelt. Von dort dringen sie 401 unter **König Alarich** in Italien ein, erobern 410 Rom, das seit 800 Jahren von keinem Feind mehr betreten ist.

Nach Alarichs Tod (410 Grab im Fluß Busento) siedeln die Westgoten in Südfrankreich und Spanien.

In Mitteleuropa drückt ein Volk'das andere nach Westen. 407 dringen die **Alanen, Vandalen, Silingen** und **Burgunder**, aus Ostdeutschland oder Ungarn vertrieben, über den Rhein nach Gallien bis Spanien, die Vandalen später nach Nordafrika. **Franken** und **Alemannen** besetzen die linksrheinischen Gebiete bis weit nach Gallien und die Schweiz hinein. In dem 407 von den Römern verlassenen England ruft um 430 ein keltischer Gaukönig die **Jüten** zu Hilfe und überläßt ihnen die Landschaft Kent. Den Jüten folgen die **Angeln** und **Sachsen** unter ihren (sagenhaften) Königen Hengist und Horsa und besiedeln weite Teile Englands.

Im Jahr 451 werden die Hunnen mit ihrem Anführer Attila, der ›Gottesgeißel‹, der als König Etzel in die Volkssage und das *Nibelungenlied* eingeht, auf den **Katalaunischen Feldern** in der Champagne von einem römisch-germanischen Heer unter Aëtius geschlagen. Darauf zerfällt die Hunnenherrschaft. Die unterworfenen Ostgermanen befreien sich. Die Gepiden siedeln nun in Siebenbürgen und Ostungarn, die Ostgoten in Pannonien, die Quaden in der Slowakei, die Rugier in Mähren und dem nördlichen Niederösterreich, die Heruler in Südböhmen und dem nördlichen Oberösterreich.

Im Jahre 476 setzt der Ostgermane **Odoakar** den letzten weströmischen Kaiser ab und macht sich zum Herrscher des römischen Reiches. 489 dringen die Ostgoten unter **König Theoderich** in Italien ein, besiegen Odoakar und gründen das Ostgotenreich mit der Hauptstadt Ravenna. Der lange regierende und Frieden wahrende König Theoderich, der Große genannt, geht als **Dietrich von Bern** in die Heldensage ein. Nach seinem Tod (526) wird das Ostgotenreich nach zähem Widerstand unter den Königen Witiges, Totila und Teja schließlich 552 von Ostrom vernichtet, wie vorher das Vandalenreich (533) in Nordafrika.

Die **Franken** breiten sich in Gallien weiter nach Süden aus. Unter König Childerich erobern sie Paris und auch Orleans (469). Die Loire bildet zunächst für einige Zeit die Grenze gegen die südlich davon siedelnden Westgoten, deren tolosanisches Reich noch einige Jahrhunderte währt. In Südostfrankreich haben die Burgunder, vom Rhein vertrieben, ihr Reich gegründet. Alle in Südeuropa errichteten Germanenreiche vergehen mit der Zeit. Nur die in Verbindung mit ihrer Heimat gebliebenen germanischen Völker in Mittel- und Westeuropa erhalten ihre Reiche.

NACH DER VÖLKERWANDERUNG

In der Völkerwanderung hat sich Nord- und Mitteleuropa wie in indogermanischer Zeit als große Bevölkerungsquelle erwiesen. Germanisches und damit vorwiegend nordisches Blut dringt durch ganz Europa. Nach der Völkerwanderung bilden sich aus der Vorbevölkerung und der sich allmählich mit ihr vermischenden germanischen Oberschicht die heutigen Völker heraus. Am längsten hält sich der germanische Anteil in Süd- und Westeuropa im Adel dieser Völker. Das ›blaue Blut‹ als Zeichen edler Abkunft bleibt dort noch lange ein Hinweis auf die vorwiegend nordische Rasse dieses Adels, bei der die Blutgefäße durch die dünne weiße Haut hindurchschimmern.

Die **Westgoten**, von den Franken aus dem südlichen Frankreich nach Spanien abgedrängt, treten um 600 zum Katholizismus über und werden romanisiert. Die **Langobarden**, ursprünglich an der Unterelbe beheimatet, kommen 568 nach Oberitalien und gründen dort ihr Reich um die Hauptstadt Pavia, das sich bis zur Eroberung durch Karl den Großen hält. Im Gegensatz zu den Westgoten kommt es zunächst kaum zur Vermischung mit der Vorbevölkerung, und das germanische Recht hält sich noch Jahrhunderte. Das langobardische Erbe wird in der kulturellen Blüte der norditalienischen Städte (Florenz, Venedig) und in der Renaissance noch einmal wirksam, ebenso im Widerstand gegen die deutschen Kaiser des Mittelalters. Die **Angelsachsen** haben die Kelten in England nach Westen (Cornwall, Wales, Irland) abgedrängt und erhalten ihre germanische Art rein. Die **Franken** erobern unter **König Chlodwig** um 500 das südliche Frankreich und das alemannische Gebiet in Süddeutschland, später das Burgunder- und das Thüringerreich dazu und werden so zum mächtigsten germanischen Staat.

Alle germanischen Staaten auf römischem Boden nehmen das **Christentum** an, zunächst in **arianischer Form** (Bibel des Westgotenbischofs Wulfila um 360), später in **katholischer Form**. Die Germanen in den ehemals von Römern nicht besetzten Gebieten bleiben zunächst noch in Stammesform (**Sachsen, Friesen, Thüringer, Bajuwaren, Markomannen**). Sie bewahren ihren heidnischen Götterglauben bis zur gewaltsamen Christianisierung durch die Franken. In ihrer Toleranz lassen sie das Christentum bei Einzelpersonen durchaus zu.

Durch den Hunnensturm und die dadurch ausgelöste Völkerwanderung haben die Germanen in Westeuropa neuen, dauernd behaltenen Siedlungsraum gewonnen. Weite Gebiete Ost- und Südosteuropas sind jedoch nur noch dünn besiedelt. Reste der Ostgermanen bleiben zwar in diesen Räumen. So sind die Krimgoten noch in der Neuzeit sprachlich nachzuweisen. Teilweise rücken von Osten andere Völker nach. Die östlich der Elbe verbleibenden, erst Jahrhunderte später als die frühen deutschen Stämme christianisierten Heiden werden dann meist Sclaven (später Slawen) oder Wenden genannt.

DER AUFSTIEG DES FRANKENREICHES

Das Reich der **Franken** gewinnt als Voraussetzung des späteren Deutschen Reiches besondere geschichtliche Bedeutung. Es überdauert zunächst alle Teilungen und Bruderkriege, da es auf einem starken, mit dem Kerngebiet verbundenen Germanentum beruht und dann in der katholischen Kirche eine politische Stütze besitzt.

Um 450 stoßen die Franken bis zur Schelde und Somme vor, erobern bald darauf Paris. **König Chlodwig** (481–511) aus dem Haus der Merowinger schlägt 486 die Reste der Römer bei Soissons und gewinnt Frankreich bis zur Loire. Er drängt die Alemannen vom mittleren Neckar bis zum Oberrhein, die Westgoten hinter die Garonne zurück. Mit Mord und Gewalt beseitigt er die anderen Kleinkönige der Franken und läßt sich von allen Teilstämmen zum König erheben. Sein Übertritt zur katholischen Kirche (496) bringt die in Gallien einflußreiche Geistlichkeit auf seine Seite. Das Frankenreich ist lange die Hauptstütze des Katholizismus gegen den Arianismus der anderen Germanenstaaten. Chlodwigs vier Söhne erobern das Burgunderreich (534), das Thüringerreich (531–534) und machen die Bayern abhängig. Ganz Frankreich und Süddeutschland kommen so unter fränkische Herrschaft.

Ein Beamtenstand mit dem **Hausmeier** an der Spitze verwaltet das große Reich und bildet neben dem Geburtsadel langsam einen Dienstadel. In der Folgezeit zerfällt das Reich durch blutige Familienzwiste der Merowingerdynastie und Erbteilungen. Zwischen romanisiertem Westen und rein germanischem Osten entsteht ein zunehmender Unterschied. Unter schwachen Königen geht die Macht an die meist aus dem Ostteil stammenden Hausmeier über. Der Hausmeier **Pippin der Mittlere** aus dem Geschlecht der Arnulfinger, später Karolinger genannt, gewinnt 687 die Herrschaft über das ganze Frankenreich. Nach erneuter Teilung und Wirren eint sein Sohn **Karl Martell** (714–741) als Hausmeier das ganze Reich wieder. 732 schlägt er bei Tours und Poitiers die aus Nordafrika über Spanien vorrückenden, bisher unbesiegten **Araber** und rettet Europa vor dem Islam. Die große arabische Ausbreitung kommt damit zum Stehen und wird langsam über die Pyrenäen wieder zurückgedrängt.

Karl Martells Sohn **Pippin der Kurze** setzt 751 den letzten Merowingerkönig ab und macht sich mit Billigung des Papstes vom Hausmeier zum König der Franken. Da er nicht von Geburt König ist, läßt er sich von dem Missionar Bonifatius, der vom Papst zur Missionierung Germaniens eingesetzt ist, und später vom Papst salben und nennt sich König von Gottes Gnaden. Dafür hilft er 754–756 dem Papst, der zu ihm geflüchtet ist, mit zwei Feldzügen gegen die Langobarden, die die Oberherrschaft über Rom verlangen. Pippin errichtet aus langobardischem Besitz den **Kirchenstaat** für den Papst und wird dessen Schutzherr. Er legt so den Grund für die weltliche Macht des Papstes und dessen Machtansprüche gegenüber den späteren Kaisern. Bonifatius unterstellt die bisherige fränkische Eigenkirche dem Papst und leitet damit eine ebenso folgenschwere Entwicklung zum Nachteil Deutschlands ein.

Mittelalter

Pippins Sohn **Karl der Große** (768–814), nach dem Tod seines Bruders Karlmann 771 Alleinherrscher im Frankenreich, hat am nachhaltigsten die deutsche und europäische Geschichte beeinflußt. Durch die Vereinigung der deutschen Stämme schafft er die Grundlage für die deutsche Nation. In Anknüpfung an die römische Imperiumsidee begründet er mit seiner Reichspolitik eine dauerhafte Ordnung Europas unter germanisch-deutscher Führung für Jahrhunderte.

Seine für das Reich notwendige **Einigungspolitik** ist allerdings mit einem hohen Blutzoll, vor allem der Sachsen, und mit der Zerstörung der heidnischen germanischen Kultur belastet. Zweiunddreißig Jahre (772–804) kämpft Karl gegen die Sachsen unter ihrem Herzog **Widukind**, der, auch nachdem ein Teil des sächsischen Adels die Partei der Franken ergriffen hat, immer wieder das Volk gegen die Franken zur Verteidigung der Freiheit und des alten Glaubens aufruft. Die wechselvollen Kämpfe beginnen, als Karl 772 in Sachsen einfällt, bis zur Weser vordringt, die Eresburg erobert und besetzt und das **Heiligtum der Irminsul** (Weltsäule), wahrscheinlich an den Externsteinen gelegen, zerstört. Im Frieden müssen die Sachsen freie Missionierung zusichern. Als Karl nach Italien zieht, erheben sich die Sachsen. 775 schlägt Karl sie erneut bei Höxter, und sie müssen sich unterwerfen. In Paderborn werden sie 777 zum Treueid gezwungen, Widukind flieht zu den Dänen. Nach einer Niederlage Karls in den Pyrenäen bricht der Widerstand der Sachsen wieder auf. Karl unterwirft Sachsen wieder bis zur Elbe, setzt Grafen und Bischöfe ein und verhängt die Todesstrafe für den Abfall vom Christentum. Auch jetzt unterwirft sich Widukind nicht. Bei einem geplanten gemeinsamen Heerzug der Franken und Sachsen gegen die Slawen wenden sich die Sachsen 782 gegen die Franken und reiben deren Aufgebot am Süntel auf. Die christlichen Stätten werden zerstört. Der mit einer Übermacht anrückende Karl läßt zur Vergeltung und Abschreckung 4500 Sachsen bei Verden an der Aller hinrichten. Nach dieser Bluttat erhebt sich ganz Sachsen wieder gegen die Franken. Nach einer unentschiedenen Schlacht bei Detmold 783, von wo sich Karl nach Paderborn zurückziehen muß, kommt es wenige Wochen später zur entscheidenden **Schlacht an der Hase** bei Osnabrück, in der die Sachsen vernichtend geschlagen werden. Zu Weihnachten 785 soll sich Widukind nach einem Friedensangebot Karls des Großen in dessen Pfalz Attigny in Frankreich haben taufen lassen. Danach wird er nicht mehr erwähnt. In der Volkssage lebt er als Held noch heute. Die Aufstände in Sachsen ziehen sich noch bis 804 hin. Tausende der widerspenstigen Sachsen werden ihrer Heimat entrissen und nach Belgien und südlich des Mains verpflanzt.

Der **Bayernherzog Tassilo,** der sein Land dem Einfluß der Franken entziehen will, wird 788 nach kurzem Widerstand besiegt und mit seinen Söhnen ins Kloster geschickt. Nach fester Eingliederung der Sachsen, Thüringer und Bayern schützt Karl sein Reich im Osten gegen Slawen, Awaren und Tschechen durch **Errichtung von Marken.** Aus der nach dem Zug gegen die Awaren 791 die Donau abwärts bis Ungarn gegründeten **Ostmark** entwickelt sich später Österreich. Die bayrische Ostkolonisation entlang der Donau setzt ein. Die Tschechen erkennen 804/805 Karls Oberhoheit an. Gegen die Sorben wird die Elbe-Saale-Grenze zurückerobert und gehalten. Mit den Marken reicht Karls Einfluß so bis zur Oder und donauabwärts bis zum heutigen Belgrad.

Nach einem Hilferuf des Papstes zieht Karl 773 gegen die **Langobarden** in Oberitalien, schickt deren König Desiderius in ein Kloster und setzt sich selbst die eiserne Krone der Langobarden 774 auf. Dem Papst bestätigt er den Besitz des Kirchenstaates. In mehreren Zügen gegen die Araber werden die Pyrenäen überschritten, alles Land nördlich des Ebros erobert und dort die spanische Mark gegründet, Vorläufer des späteren Königreiches Aragon. Papst Leo III. erscheint, aus Rom vertrieben, 799 bei Karl in Paderborn und ruft ihn als Schiedsrichter nach Rom. Dort setzt der Papst dem fränkischen König am Weihnachtstag 800 überraschend die **Kaiserkrone** auf und huldigt ihm als neuem römischen Kaiser. Daraus erwächst die für später verhängnisvolle Ansicht, der deutsche Kaiser müsse vom Papst gekrönt werden.

Von seinen Pfalzen (Aachen, Ingelheim, Worms, Attigny) verwaltet der Kaiser durch Grafen und Sendboten straff sein Reich. Er läßt das Recht der Franken verbessern, das der Friesen und Sachsen aufzeichnen. Er sammelt die **germanischen Heldenlieder**, die sein Sohn Ludwig der Fromme später als heidnische Zeugnisse vernichten läßt. Karl führt die bis heute benutzten germanischen Bezeichnungen der Wochentage und Himmelsrichtungen ein und stärkt allgemein den germanischen Anteil in der nun beginnenden abendländischen Kultur als Verbindung von Germanentum, Christentum und Antike. Er fördert die Gelehrsamkeit in den Klöstern und macht sie dem Schulunterricht dienstbar. Er zieht Gelehrte an seinen Hof wie den Angelsachsen **Alkuin** und den Ostfranken **Einhard**, der Karls Leben aufzeichnet. Der karolingische Baustil (Marienkirche Aachen, Kloster Lorsch) führt zur germanischen Steinbauweise und später zur Romanik. Auch der Verbesserung des Ackerbaues und der Haustierzucht gilt das Augenmerk des Kaisers, vor allem auf den Königshöfen in den neu erworbenen Gebieten.

Nach 46 Regierungsjahren stirbt Karl der Große am 28. 1. 814 mit 72 Jahren und wird später in der Aachener Marienkirche beigesetzt. Als ›**Patron der Deutschen**‹ wird er später auf Veranlassung des Erzbischofs Rainald von Dasseln, des Kanzlers Barbarossas, heilig gesprochen.

ZERFALL DES FRANKENREICHES

Karl der Große setzt seinen einzigen überlebenden Sohn **Ludwig den Frommen** (814–840) als alleinigen Erben ein und krönt ihn 813 selbst zum Kaiser, um den Einfluß des Papstes auszuschalten. Der schwache Ludwig teilt das Reich schon 817 unter seine drei Söhne. Auf dem Lügenfeld zu Kolmar wird er dann von ihnen zur Abdankung gezwungen, die er nachher widerruft. Nach Wirren und Kämpfen wird das Frankenreich zunächst im **Vertrag von Verdun** 843 in drei Teile geteilt: **Ludwig der Deutsche** erhält Ostfranken, das Gebiet östlich des Rheins; **Karl** bekommt Westfranken, das Land westlich der Maas und der Rhone; **Lothar** erhält das Mittelreich von Holland über Burgund bis Italien und den Kaisertitel. Nach Lothars Tod wird das Mittelreich im **Vertrag von Mersen** 870 auf der Grundlage der inzwischen gewachsenen Völker der Deutschen und Franzosen aufgeteilt: Holland, das Gebiet östlich der Maas, das Moselgebiet und das Elsaß kommen zum Ostreich, in dem sich immer stärker das Zusammengehörigkeitsgefühl der Deutschen entwickelt.

Ludwig des Deutschen Sohn Karl der Dicke kann 885 das ganze Frankenreich noch einmal erben, wird jedoch nach Aufständen im ganzen Reich abgesetzt. Italien, Frankreich und Deutschland gehen hinfort getrennte völkische Wege. Im Ostreich gelangt des abgesetzten Kaisers Neffe **Arnulf von Kärnten** (887–899) zur Herrschaft. Er kann das unter den Einfällen der Normannen und östlichen Heiden leidende Land vor diesen schützen, muß jedoch den immer mächtiger werdenden Markgrafen und Herzögen große Rechte einräumen. Nach seinem Tod wächst unter seinem unmündigen Sohn **Ludwig dem Kind** (899–911) die Macht der Herzöge weiter. Die Reichsgewalt schwindet, tief können die Ungarn bis Sachsen und Schwaben ins Land eindringen. Nach dem Tode Ludwigs des Kindes erkennen die deutschen Herzöge die Erbansprüche des in Frankreich regierenden Karls des Einfältigen nicht an und wählen Herzog **Konrad von Franken** (911–919) zum König. Aus dem Erbkönigtum der Karolinger wird so ein Wahlkönigtum, das Deutschland für ein Jahrtausend gegen weitere Teilungen sichert.

König Konrad I. kann sich gegen die Eigenmacht der Herzöge nicht durchsetzen. Sein mächtigster Widersacher ist Herzog **Heinrich von Sachsen.** Konrads größte Tat ist es, daß er auf dem Sterbebette diesen Heinrich von Sachsen zu seinem Nachfolger bestimmt, um dem von innen und außen bedrohten Reich eine starke Hand zu geben. Ein Jahrhundert nach der blutigen Unterwerfung der Sachsen durch die Franken geht somit die Reichsgewalt an die Sachsen über, die nun für ein Jahrhundert politisch und kulturell die Führung in Deutschland übernehmen und das beginnende Deutsche Reich prägen. In der Auseinandersetzung mit den Erbansprüchen des Westfrankenreiches und unter den Bedrohungen durch Ungarn und Normannen hat sich inzwischen das **Bewußtsein der deutschen Eigenart** im Ostfrankenreich verstärkt. Das Band der gemeinsamen deutschen Sprache gegenüber der französischen vertieft den Unterschied gegen Westfranken.

DAS WERDEN DES DEUTSCHEN VOLKES

Im Verlauf mehrerer Jahrhunderte haben die germanischen Alemannen und Franken ab 260 ganz Süddeutschland, Teile der Schweiz, das Elsaß und Frankreich bis zur Loire besiedelt. In Südfrankreich bilden die Westgoten, in Norditalien die Langobarden eine Oberschicht.

In Italien und Frankreich setzt sich langsam die romanisierte, schon länger christianisierte Vorbevölkerung gegenüber den germanischen Siedlern durch. Die späten Merowinger sind schon dem gallischen Einfluß erlegen. Der Aufstieg der Hausmeier aus dem germanischen Ostteil ab 700 ist im Grunde ein Kampf des noch reinen Germanentums gegen die wachsenden romanischen Einflüsse. Karl der Große kann unter Betonung des Germanischen noch einmal die Einheit wahren und die **Reichsidee** für Mitteleuropa erneuern. In seiner Kanzlei wird schon das Wort ›deutsch‹ benutzt, das soviel wie ›völkisch‹, ›von der alten Volksart seiend‹ bedeutet und das zur Kennzeichnung der sich nun im Ostteil des Frankenreiches auf der Grundlage der althochdeutschen Sprache bildenden Einheit verwendet wird. Um 820 liegt die **deutsche Sprachgrenze im Westen** fest, wie sie noch einschließlich der niederdeutschen Sprachen bis in unser Jahrhundert nach über 1000 Jahren gilt. Sie beginnt südlich von Boulogne an der Kanalküste, verläuft dann nach Osten, überschreitet die Maas bei Lüttich, wendet sich dann nach Süden bis Arel westlich von Luxemburg, geht nördlich von Metz über die Mosel und folgt dann dem Vogesenkamm bis zur Burgundischen Pforte und in die Schweiz hinein.

In den Reichsteilungen ab 817 und in den Kämpfen der Söhne Ludwigs des Frommen wird der zunehmende völkische Gegensatz zwischen dem Westteil, später Frankreich, und dem Ostteil, später Deutschland, immer wirksamer. **Ludwig der Deutsche**, zeitweise enterbt oder auf Bayern beschränkt, wird zum Vorkämpfer für den sich immer mehr als **völkische Einheit** fühlenden germanischen Ostteil mit Bayern, Alemannien, Thüringen und Sachsen, während sich der Westteil um den Kaisersohn Karl den Kahlen vereinigt. Beide wollen die Trennung. Am 14. 2. 842 verbünden sich beide mit ihren Heeren in Straßburg und schwören die denkwürdigen **Straßburger Eide** zur Zweiteilung des Reiches unter Ausschaltung des dritten Kaisersohnes Lothar. Zum erstenmal wird dabei statt des üblichen Lateinischen die althochdeutsche und die altfranzösische Sprache benutzt. Daß nach den Königen auch die beiden Heere dann jeweils in ihrer nationalen Sprache schwören, zeigt deutlich, daß hier nicht Dynastien, sondern inzwischen gewachsene und nun erwachte Völker handeln. Daher werden anschließend in Aachen die Grenzen zwischen West- und Ostreich nicht von den beiden Königen nach dy-

30

nastischen Gesichtspunkten festgelegt, sondern aus jedem Heer werden 12 Große bestimmt, die eine echte Volksgrenze nach der völkischen Zugehörigkeit ziehen. Wenn auch 843 in Verdun dann noch einmal eine Dreiteilung des Frankenreiches aus politischen Gründen vorgenommen wird, so ist die Zweiteilung in **romanisches Frankreich** und **germanisches Deutschland** nicht mehr aufzuhalten, die sich an den Völkern ausrichtet und in Mersen 870 vollzogen wird.

DER GERMANISCHE NORDEN

Von der Frühzeit des Nordens bis ins 8. Jahrhundert berichten Sagen. Mit den **Wikingerfahrten** ab 800 erreicht die große Seefahrerzeit an Ost- und Nordsee ihren Höhepunkt. Ruhm und Beute zu gewinnen, brechen die Wikinger aus Dänemark, Schweden und Norwegen zu kühnen Fahrten übers Meer auf. Ganze Flotten von Drachenschiffen suchen die Küsten der Nordsee, der Biskaya und des Mittelmeeres heim. Im Jahr 845 fährt Ragnar mit 120 Schiffen die Seine herauf und nimmt Paris ein, das Karl der Kahle ihm teuer wieder abkaufen muß. Köln, Koblenz und Trier werden von Wikingerflotten geplündert. Erst der **Sieg Arnulfs von Kärnten 891 bei Löwen** schützt das Festland Westeuropas einige Zeit vor den Wikingern.

In der Heimat wie in erobertem Land gründen die Wikinger oder Normannen dauerhafte Reiche. **Harald Schönhaar** (872–933) eint Norwegen. Die freiheitsliebenden Norweger, die sich ihm nicht beugen wollen, besiedeln um 900 Island, gründen hier 930 das Thing. **Gorm der Alte** vereinigt um 915 Dänemark. Die **Jomswikinger** errichten um die Jomsburg an der Odermündung eine Art Ordensstaat, der 1040 von König Magnus von Norwegen zerstört wird. Als Waräger gründen die Wikinger **Rurik** und seine Brüder im 9. Jahrhundert um Nowgorod und später um Kiew das russische Reich und dringen den Dnjepr abwärts bis Konstantinopel vor. Jahrhunderte besteht die Leibwache des byzantinischen Kaisers aus Normannen. Auf Irland herrschen mehrere Jahrhunderte Wikingerkönige. **Knut der Große** vereinigt um 1030 England, Dänemark und Norwegen unter seiner Herrschaft, die jedoch schnell wieder zerfällt. Seit 911 bleiben die Normannen für dauernd im Nordwesten Frankreichs, in der Normandie. Von hier erobert der Normannenherzog Wilhelm der Eroberer nach der Schlacht bei Hastings 1066 England und begründet dort die dann dauernde Herrschaft des normannischen Adels über das angelsächsische Bauernvolk und die Reste der Kelten. Zum Kampf gegen die arabischen Sarazenen nach Süditalien gerufen (1016), wenden sich die Normannen dann gegen den oströmischen Kaiser und gründen unter **Robert Guiskard** (1060–1085) ein normannisches Herzogtum in Unteritalien. Sein Bruder **Roger** vertreibt die Araber aus Sizilien. Roger II. gründet 1130 das normannische Königreich Sizilien, das 1189 durch Erbschaft an den Stauferkaiser Heinrich VI. kommt.

Im Norden umschiffen die Wikinger das Nordkap. **Erik der Rote** fährt nach Grönland, sein Sohn **Leif** erreicht um 1000 Nordamerika, das er Winland nennt und das längere Zeit besiedelt wird. An Hochseetüchtigkeit ist das Drachenboot der Wikinger unübertroffen, in ihm liegt die Seele der Wikinger. Runensteine in ganz Nordeuropa und Amerika zeugen von ihren Fahrten. Die Skalden der Wikinger entwickeln die besondere Form der Heldenlieder in Stabreim. Daneben steht die bäuerliche Sage. Beides wird vor allem auf Island in den **Eddas** und **Sagas** festgehalten. Erst noch heidnischen Glaubens an Odin und Thor, nehmen die Wikinger um 1000 auch in ihrer Heimat das Christentum an.

KÖNIG HEINRICH I. VON SACHSEN

Bis um 900 hat sich die Herzogsmacht in den fünf deutschen Herzogtümern Sachsen, Bayern, Schwaben, Franken und Lothringen klar entwickelt. Mit **Heinrich von Sachsen** wird 919 von Sachsen und Franken der mächtigste Herzog in Fritzlar zum König gewählt. Ein starkes deutsches Königreich beginnt. Die kirchliche Salbung durch den deswegen angereisten Erzbischof von Mainz lehnt der König aus germanischer Denkungsart ab.

Heinrich I. (919–936) muß sich erst noch bei Bayern und Schwaben durch geschickte Verhandlungen, in dem an Frankreich abgefallenen Lothringen durch einen Kriegszug Anerkennung verschaffen, die dann auch Frankreich gibt. Nach dem verheerenden **Einfall der**

Ungarn von 924 schließt er mit diesen einen neunjährigen Waffenstillstand für den Preis von Tributzahlungen. In diesen Jahren läßt er viele Burgen anlegen, aus denen sich später Städte entwickeln (Heinrich der Städtebauer), Güter und Klöster befestigen und ein Reiterheer ausbilden. Dieses erprobt er 928/929 gegen die immer wieder von Osten gegen Sachsen vorrückenden Heiden, wobei er deren Festung Brennaburg an der Havel erobert und an der Elbe die Burg Meißen gründet. Die Tschechen werden 929 von Heinrich bei Prag geschlagen und Böhmen damit wieder an das Reich angegliedert, bei dem es fast 1000 Jahre bleiben soll. Dann kündigt Heinrich den Waffenstillstand mit den Ungarn. Bei einem erneuten Einfall 933 schlägt das Reichsheer unter König Heinrich die Ungarn bei **Riade an der Unstrut** vernichtend, daß sie für zwei Jahrzehnte Deutschland in Frieden lassen. Nach einem Sieg über die Dänen 934 wird die von Karl dem Großen errichtete Mark zwischen Schlei und Eider dem Reich zurückgewonnen; der Dänenkönig Knupa huldigt dem deutschen König.

Die Siege über die Ungarn, Wenden und Dänen haben Heinrichs Stellung im Reich gestärkt und das Land endlich von einer Geißel befreit. Aufbau und wirtschaftlicher Aufschwung können erfolgen. Insbesondere in den Marken werden weitere Burgen angelegt, Straßen gebaut und somit die Voraussetzung für die spätere Ostkolonisation gelegt. Da die Verluste durch die dauernden Ungarneinfälle aufhören, nimmt die Bevölkerung zu und erzeugt einen Überschuß für die innere Rodung, später für die Ostbewegung. In den Klöstern drückt sich germanischer Geist an christlichen Inhalten aus. Schon um 830 ist in Sachsen der *Heliand* entstanden, eine Schilderung des Evangeliums in altsächsischer Sprache im Stabreim nach germanischer Anschauung. Um 865 schreibt der Mönch **Otfried** sein Evangelienbuch in rheinfränkischer Mundart. In St. Gallen entsteht um 930 mit dem *Walthari-Lied* des Mönchs **Ekkehard** eine der bedeutendsten germanischen Heldendichtungen, allerdings in Latein. Ebenso in Latein schreibt um 970 die sächsische Nonne **Hroswitha von Gandersheim** Dramen und Gedichte. Die Baukunst ist stark germanisch geprägt. Heinrich I. stirbt am 2. Juli 936 in Memleben, nachdem er seinen Sohn Otto zum Nachfolger bestimmt hat. Er ruht im Quedlinburger Dom. Der Gründer und Erhalter des Reichs geht in die Volkssage ein.

KAISER OTTO I. DER GROSSE

Nach seiner Wahl zum König läßt sich **Otto I.** (936–973) in Aachen mit großem Pomp vom Erzbischof von Mainz krönen und salben, die Herzöge müssen Hofdienste leisten. Das freiheitliche germanische Königtum seines Vaters ersetzt der junge König durch zentralistischen Herrschaftsanspruch und Streben nach der Kaiserwürde. Seine Brüder und mehrere Herzöge fallen von ihm ab. Erst nach Jahren der Wirren kann sich Otto, begünstigt durch den Tod einiger Gegner und glückliche Siege, im ganzen Reich durchsetzen, bei den Wenden in Havelberg und Brandenburg Bistümer einrichten, die Anerkennung der deutschen Oberhoheit von Dänen und Böhmen erreichen. Im Jahre 951 zieht Otto zum erstenmal nach Italien, wird in Pavia König der Langobarden und heiratet, inzwischen verwitwet, **Adelheid von Burgund** mit dem Erbanspruch auf Italien. Eine Erhebung deutscher Herzöge und Bischöfe kann Otto 954 siegreich beenden. Inzwischen sind die Ungarn in Süddeutschland wieder verheerend eingefallen. Unter Ottos Führung werden sie vom Reichsheer 955 auf dem **Lechfeld bei Augsburg** so vernichtend geschlagen, daß sie nie mehr nach Deutschland kommen, sondern in Ungarn seßhaft werden.

Nach der wiederholten Empörung seiner Verwandten und der Herzöge vergibt der König große Lehen und wichtige Reichsämter an hohe Geistliche. Die nicht vererbenden **Bischöfe** werden so zu den wichtigsten **Reichsbeamten** und **Heerführern**, die Kirche der größte Grundbesitzer Deutschlands. Otto kann zwar so seine Herrschaft sichern, schafft jedoch mit den auch Rom hörigen Kirchenfürsten eine schwere Belastung für seine Nachfolger im Kampf mit dem Papst.

Vom Papst zu Hilfe gerufen, zieht Otto wieder nach Rom und läßt sich 962 **zum Kaiser krönen**. Otto knüpft so im Gegensatz zu seinem Vater an die **imperiale Reichsidee Karls des Großen** an. Er wird vom oströmischen Kaiser anerkannt. Dieses Datum 962 gilt als Gründungsdatum des ›**Heiligen römischen Reiches deutscher Nation**‹, das sich über alle Wirren bis 1806 hält.

Drei Jahre lang kämpft der Kaiser in Italien, muß auch Rom erobern, bevor er 965 nach Deutschland zurückkehrt. Von 966 bis 972 ist er wieder in Italien. Sein Versuch, Unteritalien den Arabern zu entreißen, mißlingt. Dafür kann er seinen schon in Aachen zum Mitkönig gewählten und 966 zum Mitkaiser vom Papst gekrönten Sohn **Otto II.** 972 in Rom mit der byzantinischen Kaisernichte **Theophano** vermählen. Antiker Geist kommt dadurch in der ›ottonischen Renaissance‹ nach Deutschland. Gestützt auf den tüchtigen **Markgraf Gero** und **Herzog Hermann Billung,** treibt Otto auch aus Italien Ostpolitik. 968 wird das Erzbistum Magdeburg eingerichtet, dem die Bistümer Havelberg, Brandenburg, Merseburg, Zeitz und Meißen unterstehen und dessen Einfluß bis Rußland reicht. Flamen werden an der Elbe angesiedelt. Das **Bistum Prag** wird gegründet und kommt zum Erzbistum Mainz. Polen erkennt die Oberhoheit des Reiches an und wird tributpflichtig. Otto I. stirbt 973 und ruht in Magdeburg.

Die weiteren Sachsenkaiser

Der noch jugendliche **Otto II.** (973–983) muß zunächst jahrelange Aufstände in den Herzogtümern niederschlagen und Kriegszüge gegen Frankreich und Dänemark führen. 980 erobert er Rom, kann jedoch Unteritalien nicht von den Arabern befreien und wird 982 schwer von ihnen geschlagen. Kurz darauf stirbt er in Rom wahrscheinlich an Gift, nachdem sein Sohn zum König gewählt ist. Er wird in der Peterskirche beigesetzt.

Die Nachricht von Niederlage und Tod des Kaisers führt zu einem großen **Wendenaufstand,** durch den alle Siedlungen östlich der Elbe verloren gehen. Mühsam können die Markgrafen einen Teil zurückgewinnen.

Als nach Jahren der Regentschaft durch die Mutter Theophano und Großmutter Adelheid **Otto III.** (995–1002) fünfzehnjährig die Regierung übernimmt, interessiert ihn die Bedrohung Deutschlands durch Slawen und Normannen weniger als römische Würde oder antike Überlieferung. Er zieht gleich nach Rom und wird 996 zum Kaiser gekrönt. Im Jahre 1000 stiftet er auf einer Wallfahrt das Erzbistum Gnesen und löst damit die polnische Kirche aus der Oberhoheit deutscher Erzbistümer. Der Herzog von Polen bleibt Lehnsmann des Kaisers. Inzwischen tobt in Italien der Aufruhr, seine ›Welthauptstadt‹ Rom verschließt ihm die Tore. Da stirbt er mit 22 Jahren und wird nach Aachen überführt.

So wird Italien den Ottonen zum Schicksal: Es fordert nicht nur kostbare Jahre der Kaiser, sondern Otto I. holt sich hier die tödliche Krankheit, Otto II. und Otto III. sterben hier noch sehr jung.

In Deutschland wird **Heinrich II.** (1002–1024), ein Nachkomme des jüngeren Sohnes Heinrichs I. zum König gewählt. Auch er muß sich erst kämpfend durchsetzen. Dann streitet er über ein Jahrzehnt zur Sicherung der Ostgrenze gegen den polnischen Herzog **Boleslaw den Kühnen,** der ein großslawisches Reich begründet, bis dieser im Frieden zu Bautzen 1018 dem Kaiser huldigt. Gegen die Wenden bleibt die Elbe Ostgrenze. Böhmen kehrt zum Reich zurück, Lothringen muß mehrfach verteidigt werden. Auf dem ersten Italienzug wird Heinrich II.1004 König der Langobarden. Der zweite Italienzug bringt 1014 die **Kaiserkrönung in Rom.** Auf dem dritten Italienzug setzt 1022 eine Seuche dem Versuch ein Ende, Unteritalien den dort inzwischen eingewanderten Normannen zu entreißen. Als Heinrich II. 1024 kinderlos stirbt, endet mit ihm das sächsische Königs- und Kaiserhaus. Der bedeutende Kaiser ruht im Dom zu Bamberg, wo er ein Bistum zur Missionierung der bis an den oberen Main reichenden noch heidnischen Gebiete gegründet hat. Die Sachsenherrscher schaffen und erhalten die Einheit Deutschlands, bezahlen jedoch ihre Ordnungsaufgabe für Europa durch Erneuerung des römischen Kaisertums schließlich mit großen Verlusten im Osten, die erst 200 Jahre später von Heinrich dem Löwen wieder ausgeglichen werden.

DAS DEUTSCHE KAISERTUM DES MITTELALTERS

Die Völkerwanderung hat das schon ausgehöhlte römische Kaisertum und mit ihm die jahrhundertealte römische Weltordnung (Pax romana) beseitigt. Aus den Wirren der folgenden friedlosen Jahrhunderte geht das Frankenreich als **Ordnungsmacht für Europa** hervor. Nach der Auflösung des römischen Weltreiches geht die Aufgabe der Führung und Gestaltung Europas auf die Germanen über. Es ist nur folgerichtig, wenn Karl der Große als König der Franken an die alte **römische Imperiumsidee** anknüpft und den **Kaisertitel** annimmt.

Bei der Teilung des Frankenreiches fällt der Kaisertitel zunächst an das Mittelreich Lothars, dann bis 928 an das romanische Westreich, das sich unfähig erweist, die Reichsidee zu verwirklichen.

Nach Heinrichs I. Einigung der deutschen Stämme wird das deutsche Königreich so mächtig und politisch einflußreich, das ihm in der natürlichen Mitte Europas die Führung Europas zufällt. Otto I. und dann alle folgenden deutschen Herrscher können sich dieser **abendländischen Aufgabe** nicht entziehen. Otto I. erneuert 962 in Rom das Kaisertum und gründet, bewußt an das vergangene römische Weltreich (imperium romanum) anknüpfend, das ›**Heilige römische Reich deutscher Nation**‹ als Einheit der christlichen Welt. Mit der **Reichsidee** hat so das Zentrum Europas für Jahrhunderte eine große Aufgabe erhalten. Unter dem Schutz des Reiches kann sich die abendländische Kultur des Mittelalters bilden und entfalten. Auch die Randgebiete Europas gewinnen aus dieser Lage: Sie können sich in aller Ruhe zu völkischen Staaten entwickeln, die dann so stark werden, daß sie in der Neuzeit die ordnunggebende Mitte Europas zerstören.

Die von den Deutschen aufgegriffene Idee des Reiches verlangt Bewährung und höchsten Einsatz. In einer Reihe deutscher Kaiser entstehen außergewöhnliche Persönlichkeiten und Politiker von Weltformat. Generationen werden unter dieser Idee zum Höchsten gefordert, sind daran gewachsen und haben sich dabei vollendet. Daß die Aufgabe erfüllt werden kann, zeigen großartige Kaisergestalten wie Heinrich II., Heinrich III. oder Barbarossa. **Partikularismus** und engstirniges Verfolgen **territorialer Eigeninteressen** der Fürsten schwächen und gefährden häufig Kaisertum und Reichsidee, besonders im Kampf zwischen Kaiser und Papst oder wenn sich deutsche Fürsten mit anderen Feinden des Reiches verbinden. Dann sind manche Kaiser nicht in der Lage, neben der vorrangigen Reichsaufgabe ihren völkischen Pflichten als deutsche Könige zur Wahrung und Mehrung der Belange des deutschen Volkes voll zu genügen.

Die Deutschen als der politisch herausragende Teil des Germanentums im Zentrum Europas haben mit der Reichsidee im Mittelalter für Jahrhunderte die Leitung des Abendlandes übernommen und diese Aufgabe unter großen Opfern erfüllt. Das deutsche Kaisertum hat zur germanischen Bestimmung der Welt bis zur Gegenwart entscheidend beigetragen.

Mit **Konrad II.** (1024–1039) kommt das Geschlecht der salischen Franken zur Regierung (1024–1125). Widerstände gegen seine Wahl im Reich kann er überwinden. Er erkennt die Erblichkeit der kleineren Lehen an und schafft den mit Reichsgut belehnten Stand der Reichsministerialen. Das gewinnt ihm diesen Stand gegen die großen Fürsten und fördert sehr die Entwicklung des Rittertums. Er hat die Kirche fest in der Hand und ernennt die Bischöfe, die dafür zahlen, was ihm als ›Simonie‹ die Gegnerschaft der kirchlichen Reformbewegung von **Cluny** einbringt. Er fördert die Städte und sorgt für Landfrieden. Auf Erbrechte pochend, kann er 1034 **Burgund** für das Reich gewinnen. Zwei Italienzüge bringen Kämpfe gegen aufständische Städte und Fürsten und 1027 die Kaiserkrönung in Rom. Nach längerem Krieg kann Konrad die deutsche Oberhoheit über Polen und Böhmen wiederherstellen und die Lausitz zurückgewinnen. Als er 1039 mit 50 Jahren stirbt, verliert das Reich in seiner größten Ausdehnung einen der mächtigsten Kaiser. Er liegt im von ihm gestifteten Dom zu Speyer beigesetzt.

Sein 22jähriger Sohn **Heinrich III.** (1039–1056), schon als Kind zum König in Aachen gekrönt, übernimmt ohne Widerstand im Innern die Herrschaft und kann sie halten. Auf dem ersten Romzug setzt er drei Päpste ab und einen deutschen ein, später noch weitere. Nach siegreichen Kämpfen im Osten erkennen **Polen, Böhmen** und **Ungarn** die Reichshoheit an. Die Ostmark wird bis zur Leitha vorgeschoben. Kirchlich erzogen ist der Kaiser der kluniazensischen Reformbewegung gegenüber aufgeschlossen. Er geißelt sich, schafft die Simonie ab und stärkt zum Nachteil seiner Nachfolger die Stellung des Papstes gegenüber den Bischöfen. Aus kirchlichen Kreisen und in Sachsen wächst die Unzufriedenheit mit ihm. Der frühe Tod dieses großen Kaisers bedeutet eine Katastrophe für Reich und Kaisertum.

Sein erst sechsjähriger Sohn **Heinrich IV.** (1056–1106), in Aachen schon gekrönt, übernimmt nach Jahren der Vormundschaft 1065 die Herrschaft. Sein Leben ist ein dauernder Kampf gegen Widersacher im Innern und gegen das mächtig gewordene Papsttum, das im kluniazensischen Mönch **Hildebrand**, ab 1073 als **Papst Gregor VII.**, auch die weltliche Vorherrschaft beansprucht. Der König muß 1073 aus Sachsen fliehen und findet nur in den Rheinstädten (Worms, Speyer) Aufnahme. Eine deutsche Synode erklärt 1076 Papst Gregor VII. für abgesetzt, daraufhin spricht der Papst den Bann über Heinrich aus. Den Abfall der deutschen Fürsten kann der König nur durch den kühnen **Bußgang nach Canossa** 1077 teilweise verhindern, wo der Papst den Bann lösen muß. Jahrelanger Bürgerkrieg gegen zwei von den Fürsten gewählte Gegenkönige **Rudolf von Schwaben** und **Hermann von Salm** enden erst mit deren Tod 1080 bzw.1088. Im Jahre 1080 erneut vom Papst gebannt, zieht Heinrich nach Italien, erobert Rom, setzt Gregor ab und empfängt vom Gegenpapst 1084 die Kaiserkrone. Erst Gregors Tod 1085 bringt Erleichterung.

1104 erhebt sich des Kaisers Sohn, der spätere **Heinrich V.**, mit zahlreichen Fürsten gegen den Kaiser, bringt ihn in seine Gewalt und zwingt ihn zum Verzicht. Doch der Kaiser entkommt, findet genügend Mitstreiter, stirbt jedoch nach verheißungsvollen Siegen mit 56 Jahren 1106. Die Leiche dieses unglücklichsten der deutschen Kaiser wird von Papstboten in Lüttich wieder ausgegraben, in ungeweihter Erde beigesetzt und erst 1111 von Heinrich V. in den Dom zu Speyer überführt.

Heinrich V. (1106–1125), erst von der Kirche gegen seinen Vater unterstützt, muß sich als Kaiser auch gegen die Ansprüche des Papstes wehren. Nach Kämpfen in Rom gesteht der Papst 1111 dem König das Recht der Einsetzung der Bischöfe (**Investitur**) zu und vollzieht die Kaiserkrönung. Nach Abzug der Deutschen hebt eine Lateransynode die Zugeständnisse des Papstes wieder auf, der Kaiser wird vom Papst gebannt. Nach jahrelangen Kämpfen wird 1122 mit dem **Wormser Konkordat** vorläufig ein Kompromiß zwischen Kaiser und Papst geschlossen: die Einsetzung der Bischöfe wird in eine weltliche (durch den Kaiser) und eine geistliche (durch den Papst) Investitur geteilt. Die von Otto I. eingeführte Reichsordnung mit geistlichen Reichsfürsten ist damit endgültig zerbrochen. Im Innern hat der Kaiser wie seine Vorgänger vor allem mit den Sachsen zu kämpfen, auch als er nach dem Aussterben der Billunger 1106 Lothar von Supplingenburg zum Herzog von Sachsen macht. Mit 44 Jahren stirbt der Kaiser 1125. Mit ihm endet das salische Kaiserhaus. Er ruht im Salierdom zu Speyer.

In der Hoffnung auf einen schwachen und sohnlosen König wählen die deutschen Fürsten den bereits 60jährigen Herzog von Sachsen **Lothar von Supplingenburg** (1125–1137). Doch Lothar treibt energische und fruchtbare Reichspolitik. Durch Verbindung mit den Welfen in Bayern schafft er sich die nötige Hausmacht gegen die bei der Wahl übergangenen Staufer. Italienzug und Kaiserkrönung (1132/33) stärken seine Macht und bringen Frieden ins Land. Schon als Herzog leitet er großzügig die Ostkolonisation ein. Nach Kämpfen gegen die Wenden belehnt er **Adolf von Schauenburg** mit Holstein und Stormarn, später (1134) **Albrecht den Bären** mit der Altmark, aus der die Mark Brandenburg hervorgeht. **Erzbischof Norbert von Magdeburg** missioniert in Pommern. Viele Bauern folgen Aufrufen zur Besiedlung der Ostgebiete. Ungarn, Böhmen und Dänemark erkennen die deutsche Oberheit an. Auf einem zweiten Italienzug gewinnt er Unteritalien, stirbt jedoch auf dem Rückweg in Tirol, nachdem er dem ihn begleitenden Bayernherzog Heinrich dem Stolzen aus dem Geschlecht der Welfen das Herzogtum Sachsen übertragen und ihn zu seinem Nachfolger als König bestimmt hat. Er ruht im Dom zu Königslutter bei Braunschweig. Sein großes Verdienst ist die Wendung zum Osten, die Fortführung der Politik Heinrichs I. und Heinrichs II.

DER KAMPF ZWISCHEN KAISER UND PAPST

Bei den katholischen Merowingern darf ein freier Franke nur mit besonderer Erlaubnis des Königs ein kirchliches Amt annehmen. Es ist nicht sehr angesehen. **Bonifatius** unterstellt die bis dahin unabhängige fränkische Kirche dem Papst. Karl der Große gibt den Klöstern die Aufgabe, Schulen zu unterhalten und Wissenschaft zu pflegen. Einfluß und Ansehen der Geistlichen nehmen zu. **Otto I.** macht Bischöfe zu mächtigen und wichtigen Reichsfürsten mit großem Grundbesitz. Das muß, nachdem seit der Reformbewegung vom **Kloster Cluny,** gestützt auf den Kirchenstaat, das Papsttum das Recht der Einsetzung der Bischöfe (Investitur) beansprucht und die weltliche Oberherrschaft über den Kaiser erstrebt, die deutschen Bischöfe in einen Zwiespalt der Pflichten zwischen Kaiser und Papst bringen. Der Kaiser kann auf die Investitur nicht verzichten, will er sich nicht innenpolitisch völlig seiner Macht entäußern. So wird das Zeitalter der Salier und Staufer ein fast ununterbrochenes Ringen zwischen

Kaiser und Papst um den Vorrang in Europa. Höhepunkte treten bei gleichwertigen Gegnern wie **Heinrich IV.** und **Gregor VII.** sowie bei **Friedrich II.** und **Innozenz III.** und **Innozenz IV.** auf. Zeiten machtvoller Kaiser, die wie **Heinrich III.** Päpste ab- und einsetzen, wechseln mit solchen, in denen der Kaiser, vom Papst gebannt, vor diesem zur Lösung vom Bann knien muß wie **Heinrich IV.** Häufig fallen dabei deutsche Fürsten vom Kaiser ab und unterstützen aus meist egoistischen Gründen die reichsfeindliche Politik des Papstes. Gegenkönige wie Rudolf von Schwaben oder Otto IV. werden von der Kirchenpartei aufgestellt und finden in Deutschland Unterstützung. Zu den Gegnern der Kaiser in diesem Ringen werden schicksalhaft auch die mächtig emporblühenden oberitalienischen Städte mit ihrem Unabhängigkeitsstreben aus langobardischem Erbe und in Deutschland die Sachsen und Welfen mit ihrem größeren Sinn für die Ostpolitik.

Hatte Karl der Große seinen Sohn noch selbst zum Kaiser gekrönt und Heinrich I. bewußt auf die Kaiserkrönung verzichtet, so wird es später Brauch, daß nur in Rom und vom Papst die **Kaiserkrönung** vollzogen werden kann. Jeder König muß deswegen, häufig mehrfach, den beschwerlichen Weg nach Italien auf sich nehmen. Meist sind damit Kämpfe mit den lombardischen Städten und Fürsten verbunden. Die Italienzüge kosten jahrhundertelang viel deutsches und in Oberitalien langobardisches Blut, Seuchen raffen mehrfach die Blüte der deutschen Ritterschaft dahin. Die Aufgabe der deutschen Kaiser dieser Jahrhunderte, **Ordnungsmacht und Lenker** (gubernator) für ganz Europa zu sein, ist so sehr teuer erkauft und mit bitteren Rückschlägen für das Reich, vor allem im Osten, verbunden.

Der Kampf endet schließlich mit völliger Erschöpfung auf beiden Seiten, im Reich mit der kaiserlosen, der schrecklichen Zeit nach 1250.

DIE STAUFER-KAISER

Schon vor der Königswahl wird der **Staufer Konrad III.** (1138–1152) vom Trierer Erzbischof zum König ausgerufen und so der Welfe Heinrich der Stolze, der mächtige Herzog von Sachsen und Bayern, hintergangen. Der schon unter Kaiser Lothar begonnene Kampf zwischen **Welfen** und **Staufern** (in Italien Guelfen und Ghibellinen)

41

führt zu dauerndem Bürgerkrieg, der nur durch den ergebnislosen und verlustreichen Kreuzzug des ›Pfaffenkönigs‹ Konrad III. unterbrochen wird. Polen, Ungarn und Dänemark lösen sich vom Reich. Vor einem Romzug stirbt Konrad 1152 in Bamberg, wo er im Dom ruht.

Als Nachfolger wird einstimmig der noch junge Friedrich von Schwaben, Neffe Konrads, auf dessen Empfehlung zum König gewählt und in Aachen gekrönt. Als **Kaiser Friedrich I. Barbarossa** (1152–1190) geht dieser Staufer als mächtigster und glänzendster deutscher Kaiser des Mittelalters in Geschichte und Sage ein. Durch Ausgleich mit seinem Vetter Heinrich dem Löwen, dem Welfenherzog von Sachsen, dem er auch das Herzogtum Bayern überträgt, schafft der Kaiser lange Frieden im Reich. Sein bedeutender Kanzler **Rainald von Dasseln,** Erzbischof von Köln, treibt erfolgreiche Reichspolitik, auch in Richtung auf eine deutsche Reichskirche. Durch Heirat mit **Beatrix von Burgund** erbt Friedrich I. dieses Land, das somit wieder stärker ans Reich gebunden wird. Der erste Italienzug (1154/55) bringt Anerkennung durch die Lombardei, außer durch Mailand, und in Rom die Kaiserkrönung. Beim Aufstand der Römer rettet Heinrich der Löwe den Kaiser. Nach einem Heereszug Barbarossas nach Breslau 1157, dem noch zwei weitere folgen, erkennt Polen die Oberhoheit des Reiches wieder an, ebenso Böhmen. Schlesien wird von Polen gelöst und stärker vom Westen besiedelt. Weitere Romzüge werden durch den Aufstand der lombardischen Städte und den Machtanspruch des Papstes über den Kaiser erforderlich. Auf dem 4. Romzug (1166–68) bringt nach der Eroberung Roms eine Seuche im deutschen Heer den Kaiser um den Sieg; an ihr stirbt auch der Kanzler Rainald von Dasseln. Der 5. Italienzug (1174–78), auf dem Heinrich der Löwe wegen seiner Ostpolitik die Heerfolge verweigert, bringt für den Kaiser die vernichtende **Niederlage von Legnano** (1176), die Friedrich jedoch durch kluge Diplomatie im Frieden von Venedig (1177) zu einem Kompromiß mit dem Papst in einen Erfolg umwandeln kann. Auf dem 6. und letzten Italienzug (1184–86) wird der Kaiser nach Aussöhnung mit den lombardischen Städten in Mailand ehrenvoll empfangen. Er verheiratet hier seinen schon zum deutschen König gekrönten Sohn **Heinrich VI. mit Konstanze,** der Erbin des unteritalienischen Normannenreiches. Sein Sohn Friedrich wird zum König von Burgund gekrönt. Höhepunkt der kaiserlichen Macht und zugleich der ritterlichen Kultur ist das **Pfingstfest zu Main**z 1184 mit der Schwertleite der beiden ältesten Kaisersöhne Heinrich und Friedrich.

Zur Befreiung des 1187 wieder von Arabern besetzten Jerusalem brechen 1189 Barbarossa, König Richard Löwenherz von England und König Philipp II. von Frankreich mit einem großen Ritterheer von Regensburg zum **Kreuzzug** auf. Auf dem Zug ertrinkt Kaiser Barbarossa im Frühjahr 1190 beim Baden im Fluß **Saleph** in Kleinasien. Sein Grab ist unbekannt. Die Volkssage läßt den glänzenden Herrscher als Symbol deutscher Kaiserherrlichkeit im Kyffhäuser bis zu einer späteren Rettung des Reiches aus großer Not ruhen.

Des Kaisers Sohn Friedrich von Schwaben führt den Kreuzzug weiter, stirbt mit vielen Rittern an einer Seuche vor Akkon. Hier wird von deutschen Rittern zur Pflege der Kranken eine deutsche Bruderschaft gegründet, die sich 1198 in den **Deutschen Ritterorden** umwandelt.

Barbarossas genialer Sohn **Heinrich VI.** (1190–1197) setzt die imperiale Politik seines Vaters fort. Innerdeutsche Kämpfe gegen den aus der Verbannung zurückgekehrten Heinrich den Löwen enden mit dessen Tod 1195. Drei Italienzüge bringen die Kaiserkrönung (1191), die Krönung zum König von Zypern. Weitgreifende Pläne zur Ausdehnung der deutschen Kaisermacht auf das oströmische Kaiserreich in Byzanz werden durch den plötzlichen Tod des Kaisers 1197 mit nur 32 Jahren in Messina verhindert. Man vermutet Vergiftung durch die Papstpartei. Er wird im Dom zu Palermo beigesetzt.

Da der schon 1196 mit zwei Jahren zum deutschen König gewählte Kaisersohn **Friedrich II.** unmündig bei seiner Mutter Konstanze auf Sizilien ist, die in Haß gegen die Deutschen sich und ihr Land dem Papst unterstellt, wählt die Stauferpartei in Deutschland Barbarossas jüngsten Sohn, **Philipp von Schwaben,** zum deutschen König. Die Welfen wählen mit Englands Unterstützung **Otto IV.**, einen Sohn Heinrichs des Löwen, zum Gegenkönig. Papst und Ausländer mischen sich in den einsetzenden jahrelangen Bürgerkrieg in Deutschland ein. Als Philipp von Schwaben, bis dahin erfolgreich, 1208 in Bamberg ermordet wird, wird Otto IV. allgemein anerkannt und 1209 zum Kaiser gekrönt. Vorher vom Papst unterstützt, wird nun Kaiser Otto IV. wegen seiner Reichspolitik vom Papst gebannt. Gegen ihn wird 1212 der nun 17jährige Staufer **Friedrich II.**, Sohn

Kaiser Heinrichs VI., von Staufern, dem Papst und Frankreich aufgestellt. Er kann sich durchsetzen, nachdem Otto IV. als Bundesgenosse der Engländer 1214 von den Franzosen bei **Bouvines** in Flandern geschlagen ist. Friedrich II. (1212–1250) wird 1220 in Rom zum Kaiser gekrönt. Ihm gegenüber steht **Papst Innozenz III.**, einer der mächtigsten Päpste des Mittelalters.

Der in Sizilien aufgewachsene hochbegabte junge Kaiser führt, deutschem Wesen ziemlich entfremdet, die imperiale Politik seines Vaters und Großvaters fort. Er hält sich meist in Italien auf, läßt Deutschland später durch seine Söhne verwalten und greift hier nur selten ein. Schon 1220 gesteht er den deutschen Fürsten weitgehende Rechte zu, so daß sie fast unabhängige Territorialherren werden. Der **deutsche Partikularismus** wird dadurch sehr gefördert. Auf Sizilien und in Unteritalien baut der Kaiser einen modernen Beamtenstaat auf. Vom Papst gebannt, unternimmt Friedrich II. 1228 einen durch Diplomatie sehr erfolgreichen Kreuzzug und wird König von Jerusalem. Mit wechselndem Erfolg kämpft er gegen den Papst und die oberitalienischen Städte. Der nach Lyon geflüchtete Papst Innozenz IV. setzt 1245 den Kaiser ab; in Deutschland werden Gegenkönige **Heinrich Raspe von Thüringen** (1246–47) und **Wilhelm von Holland** (1247–1256) gewählt, gegen die Friedrichs Sohn **Konrad IV.** mit unterschiedlichem Erfolg kämpft. Nach mehreren Mordversuchen gegen ihn stirbt der Kaiser 1250 in Unteritalien und wird in Palermo beigesetzt. Friedrich II. gilt schon seiner Zeit wegen seiner Kenntnis vieler Sprachen, der Wissenschaften und der Künste als ›**Wunder der Welt**‹. Als letzter universaler Kaiser ist er eine der glänzendsten Kaisergestalten des deutschen Mittelalters. In ihm erreicht die von den Ottonen über Salier und frühere Staufer verfolgte Reichspolitik ihren Höhe- und Abschlußpunkt. Verbunden damit ist eine verhängnisvolle Vernachlässigung Deutschlands. Hier müssen Fürsten, Städte und Volk – auf sich gestellt – Einfälle der Dänen (**Schlacht bei Bornhöved 1227**) und der Mongolen (**Schlacht bei Liegnitz 1241**) abwehren. Die erfolgreiche Selbsthilfe und die fast dauernde Abwesenheit des Kaisers vergrößern ebenfalls die Selbständigkeit der Territorialfürsten in Deutschland.

Friedrichs II. Sohn **Konrad IV.** (1250–1254) als Reichsverweser seines Vaters in Deutschland seit Jahren im Kampf gegen den Gegenkönig Wilhelm von Holland, zieht 1251 zur Stärkung seiner Stellung nach Italien, stirbt hier jedoch schon 1254 in Unteritalien nach Siegen mit nur 26 Jahren. Des Kaisers Sohn **Manfred**, 1258 in Palermo zum König von Sizilien gekrönt, fällt 1266 bei Kämpfen in Unteritalien. Daraufhin zieht Konrads IV. Sohn **Konradin** 1267 mit 15 Jahren zur Durchsetzung seiner Rechte nach Italien und Rom. Er wird 1268 von dem französischen Grafen Karl von Anjou, den der Papst eigenmächtig mit dem Staufererbe in Italien belehnt hat, geschlagen, gefangengenommen und öffentlich in Neapel enthauptet. Mit **Enzio**, dem König von Sardinien, ebenfalls Sohn Friedrichs II., stirbt 1272 nach 23jähriger Gefangenschaft in Bologna der letzte Staufer. Auch ihnen wurde Italien zum Schicksal.

Mit dem Tode Wilhelms von Holland 1256, eigentlich schon mit dem Kaiser Friedrichs II., beginnt in Deutschland die ›**kaiserlose, die schreckliche Zeit**‹ des Interregnums. Auf Sizilien herrschen die Spanier, in Italien die Franzosen, in Deutschland niemand über die Territorialfürsten. Der deutsche Traum vom abendländischen Reich ist mit dem Aussterben der Staufer nach einem letzten Höhepunkt jäh zu Ende und weicht langem Bürgerkrieg. Kaiserlicher und päpstlicher Universalismus müssen den langsam zu nationalem Bewußtsein erwachten neuen Völkern weichen. Das Ziel der Ottonen, Salier und Staufer in der Italienpolitik erweist sich als nicht mehr durchführbar. Nach dem Scheitern der Südpolitik gewinnt die Ostpolitik für Deutschland vermehrt an Bedeutung.

HEINRICH DER LÖWE

Das Geschlecht der Welfen von ihrer Stammburg Ravensburg nahe dem Bodensee kommt unter **Heinrich dem Stolzen,** Herzog von Bayern und Sachsen, zu großer Macht. Bei der Königswahl 1138 wird dieser hintergangen zugunsten des Staufers Konrad III. Sein Sohn **Heinrich der Löwe** (1139–1195), um 1129 geboren, zunächst Herzog von Sachsen, ab 1156 auch Herzog von Bayern, wird zum mächtigsten deutschen Fürsten neben dem Kaiser. Er wird zum wichtigsten Förderer der **Ostkolonisation** und der Entwicklung der norddeutschen Städte. Gestützt auf seine Hausmacht und die Freundschaft zu Kaiser Barbarossa kann Heinrich der Löwe eine aktive Ostpolitik betreiben und mehrfach gegen Wenden und andere Stämme zwischen Elbe und Oder vorgehen, während der Kaiser in Italien weilt. Er gründet viele Städte und fördert in der Zeit des aufkommenden Geldwesens den wirtschaftlichen Aufschwung seines Landes. Er setzt Adolf von Schauenburg 1143 als Markgrafen von Holstein ein, gründet 1154 das Bistum Ratzeburg, 1158 die Städte **Lübeck** und **München**, macht 1160 Schwerin zum Bischofssitz und kolonisiert Mecklenburg. Er reformiert das Lehns- und Verwaltungswesen nach modernen Gesichtspunkten und erweist sich für das Naheliegende als echter Realpolitiker gegenüber dem idealistischen, oft weiterreichenden Reichsgedanken der Staufer. Er führt eine eigenständige Außenpolitik, so mit England, Dänemark und Gotland bis hin nach Nowgorod.

Auf den ersten beiden Romzügen Barbarossas Begleiter und Lebensretter beim Römeraufstand, nimmt er an den weiteren Italienzügen des Kaisers nicht mehr teil und verweigert dem Kaiser auch in **Chiavenna** auf dessen dringende Bitte die Heerfolge, was zur vernichtenden Niederlage des Kaisers bei Legnano (1176) führt. Danach gibt der Kaiser den Klagen der auf den mächtigen Löwen neidischen und wegen seiner rigorosen Machtpolitik erbosten Reichsfürsten nach. Die 25jährige Freundschaft zwischen Friedrich I. und dem Löwen und der ebensolange Frieden zwischen Staufern und Welfen zerbricht. Nach viermaliger vergeblicher Vorladung vor ein Fürstengericht wird Heinrich der Löwe 1180 **geächtet**, sein Land aufgeteilt, insbesondere Sachsen in viele Teile zerschlagen. Nach Niederlagen gegen das Reichsheer unterwirft sich schließlich der Herzog dem Kaiser, erhält Braunschweig und Lüneburg zurück, muß jedoch nach England an den verwandten Königshof in die **Verbannung** gehen, von wo er 1185 als Herzog von Braunschweig zurückkehren darf. Für die Zeit von Barbarossas Kreuzzug 1189 erneut verbannt, kehrt er jedoch schnell zurück und kämpft mit wechselndem Erfolg um sein altes Herzogtum Sachsen. An Bardowiek nimmt er furchtbare Rache. 1194 kommt es zur äußerlichen Versöhnung mit Kaiser Heinrich VI. Am 6. 8. 1195 stirbt Heinrich der Löwe in Braunschweig, wo er in seinem Dom beigesetzt wird. Sein Sohn Otto IV. wird 1198 zum König, 1209 zum Kaiser gekrönt, muß dann dem Staufer Friedrich II. weichen. Nachfahren der Welfen regieren bis 1866 in Hannover, bis 1918 in Braunschweig, von 1714 bis 1901 als Könige in England.

DIE OSTKOLONISATION

Im Zuge der Völkerwanderung sind die Gebiete östlich der Elbe zum Teil von den germanischen Stämmen geräumt worden. Zur Zeit der Sachsenkaiser sind die Bewohner des heutigen Mittel- und Ostdeutschlands meist noch Heiden. Durch die Normannen und Ungarneinfälle im 8. und 9. Jahrhundert zahlenmäßig geschwächt, ist die deutsche Bevölkerung vor etwa 1000 nicht in der Lage, einen Überschuß zur Auswanderung zur Verfügung zu stellen. Erst die Reichspolitik der Sachsenherrscher mit Befriedung im Innern und Schutz gegen äußere Feinde schafft die Voraussetzung zur **Vermehrung des Volkes,** das nach Besiedlung der innerdeutschen Rodungen ab etwa 1150 in den dünn besiedelten, landwirtschaftlich kaum genutzten Osten drängt.

Die bayrische Ostkolonisation hat ausgehend von Karls des Großen Errichtung der **Ostmark** längs der Donau und im Alpenland schon früh Erfolge, verstärkt sich seit Ottos I. Sieg 955 auf dem Lechfeld gegen die Ungarn. Um 1150 ist ganz **Österreich deutsch** und **Wien** schon Stadt. 1156 wird Österreich selbständiges Herzogtum. Kurz nach 1100 ziehen, von einheimischen Fürsten gerufen, deutsche Bauern ins **Burzenland** im Karpatenbogen und bilden die erste Zelle der Siebenbürger Sachsen, die getrennt vom geschlossenen deutschen Volksraum ihre deutsche Eigenart in Sprache und Sitte über 800 Jahre bis heute erhalten haben.

Nach Verlust der unter Heinrich I. um 930 gewonnenen Gebiete Mitteldeutschlands unter den letzten Ottonen setzt die dauerhafte Besiedlung östlich der Elbe unter dem Sachsenherzog und späteren Kaiser **Lothar von Supplingenburg** um 1130 und verstärkt unter **Heinrich dem Löwen** ab 1150 ein. Besonders die Geschlechter der **Wettiner, Askanier, Schauenburger** und **Billunger** erweitern den deutschen Volksboden. Um 1200 ist die Oder in breiter Front von der Siedlerwelle erreicht. Bis 1230 finden sich in Schlesien schon 80 deutsche Städtegründungen. Auch alle Städte in Böhmen und Mähren, außer Tabor, sind deutsche Gründungen. Um 1230 wird Vorpommern besiedelt, Danzig 1224 gegründet, Hinterpommern ist bis 1250 kolonisiert. 1201 segelt Bischof **Adalbert von Bremen** mit mehr als 20 Schiffen ins Baltikum und gründet Stadt und Bistum Riga, 1219 folgt Reval.

Der 1202 gegründete **Schwertritterorden christianisiert das Baltikum.** Von dem christlichen polnischen Fürsten Konrad von Masowien 1226 gegen die heidnischen Pruzzen ins Land gerufen, beginnt der **Deutsche Ritterorden** 1230 unter Hochmeister Hermann von Salza und Landmeister Hermann Balk sein Kolonisationswerk vom Kulmer Land aus und schafft in den folgenden Jahrhunderten neuen Siedlungsraum für deutsche Bauern und Städter im Ostseeraum von Danzig bis Riga und Dorpat mit dem Schwerpunkt in West- und Ostpreußen. Der Ritterorden gründet 1231 Thorn, 1232 Kulm, 1256 Königsberg. Posen wird 1253, Krakau 1257, Lemberg 1270 von den einheimischen Piasten mit deutscher Hilfe und meist deutschen Siedlern gegründet. Im Südosten ist in Siebenbürgen Hermannstadt bereits um 1160, Bistritz 1206 mit deutschen Siedlern gegründet worden. Hinter dem Ritter und Geistlichen zieht der Bauer und Städter einher und kultiviert das meist vorher nicht genutzte Land. Die neu gegründeten Städte erhalten meist **Soester, Magdeburger** oder **Lübecker Stadtrecht.** Die östlichste Stadt mit deutschem Recht ist Kiew, die östlichste deutsche Burg ist die Hermannsburg an der Narwa am Ilmensee. Während auf dem Land häufig zwischen der Vorbevölkerung gesiedelt wird, haben die Städte fast ausschließlich deutsches Gepräge. Gilden und Zünfte sorgen dafür, daß mehrere Jahrhunderte lang Meister und Ratsherren deutsche Vorfahren haben müssen.

Der Ostseeraum wird vorwiegend durch Siedler aus Niederdeutschland bis Flandern, dagegen Sachsen, Schlesien und Böhmen mehr aus den mittleren und südlicheren Teilen Deutschlands besiedelt. Österreich mit Tirol ist Siedlungsland der Bayern. Aus der Auslese tüchtiger und wagemutiger Jugend der alten deutschen Stämme bilden sich so in Mittel- und Ostdeutschland die ostdeutschen Stämme, die für die Kultur und Politik Deutschlands in der Zukunft richtungsweisende Beiträge bringen sollen. Gegenüber dem engen Westen wird der unbegrenzte Osten das Land des Fortschritts, des freien Geistes, der freien Bauern und der freien Städte. Da die Ostkolonisation im allgemeinen – mit Ausnahme der Pruzzen – **auf friedlichem Weg** und im Einvernehmen oder auf Ersuchen der christianisierten eingeborenen Fürsten erfolgte, stehen Deutsche und Frühbekehrte zusammen gegen die Heiden, wächst auch schon eine größere Toleranz als im Westen.

Am Ende des 13. Jahrhunderts liegt für über 600 Jahre die **Ostgrenze des deutschen Volkes** fest, bis sie durch die Vertreibung 1945 gewaltsam zu verschieben versucht wird. Mit der mittelalterlichen Ostkolonisation ist eine der größten kulturellen Leistungen des deutschen Volkes vollbracht. Das geistige und politische Leben verlagert sich schon bald in diese Gebiete. Vom Rhein, der früheren Achse deutscher Politik, ziehen 1248, als durch die Pest der Bau des Kölner Domes eingestellt wird, nicht nur die Baumeister nach Prag und bauen die Prager Burg, den Hradschin. **Prag** wird die ›goldene‹ Stadt mehrerer deutscher Kaiser, Wien die Hauptstadt der habsburgischen Kaiser; in Brandenburg, Pommern und Ostpreußen wächst Preußen in seine geschichtliche Aufgabe zur Einigung und Erneuerung des Deutschen Reiches 1871 heran.

Es ist die Tragik deutscher Geschichte, daß durch den fast dauernden Kampf deutscher Territorialfürsten gegen den Kaiser und seine Reichspolitik die Ostpolitik nicht die notwendige Unterstützung durch einige Kaiser findet. Die Ostkolonisation ist so vor allem eine Leistung des ganzen Volkes.

DER DEUTSCHE RITTERORDEN

Vor der Festung Akkon in Palästina wird 1191 von deutschen Rittern eine deutsche Bruderschaft zur Pflege kranker Ritter gegründet, aus der sich 1198 der **Deutsche Orden** bildet. Er verbindet Kreuz und Schwert, Christianisierung mit Kolonisierung. 1211 wird der Orden von den Ungarn ins **Burzenland (Siebenbürgen)** zum Schutz gegen die heidnischen Kumanen gerufen. Er gründet Kronstadt und in der Nähe die erste Marienburg, muß jedoch 1225 wieder das Land verlassen, da er den Ungarn zu mächtig wird. 1226 wird der Orden unter seinem **Hochmeister Hermann von Salza,** dem Vertrauten und Berater Kaiser Friedrichs II., von dem christlichen Polenfürsten Konrad von Masowien gegen die noch heidnischen Pruzzen und Litauer zu Hilfe gerufen und ihm das Kulmer Land mit allen zukünftigen Erwerbungen zugesagt. In der **Goldenen Bulle von Rimini** belehnt 1226 der Kaiser den Orden mit diesen Gebieten, zu denen auch der Papst Privilegien gibt. Als erster preußischer Landmeister beginnt **Hermann Balk** 1230 von **Thorn** aus seine Kolonisierungsarbeit. Bis 1285 wird gegen die Pruzzen gekämpft, dann folgt die friedlichere Zeit der Anlage von Dörfern und Städten. Von 1231 bis zur Niederlage gegen die Polen 1410 gründet der Orden 93 deutsche Städte und rund 1400 Dörfer. Thorn baut das größte Rathaus Deutschlands, Danzig die größte Kirche nördlich der Alpen.

1237 erfolgt die Vereinigung mit dem **Schwertbrüderorden**, der seit 1202 in Kurland und Livland kolonisiert hat. Ab 1309 ist die **Marienburg** an der Nogat, eine der größten Burgen Europas, Sitz des Hochmeisters des Ordens. Der straff organisierte Ordensstaat wird mit seiner modernen Verwaltung zum Vorbild europäischer Höfe und zum bevorzugten Lehrobjekt europäischer Prinzen. Der Orden erlebt seine größte Blüte unter **Hochmeister Winrich von Kniprode** (1351–1382), seine größte Ausdehnung nach Erwerb Samogetiens von Litauen und der Neumark in Brandenburg von den Luxemburgern 1398. Damit besteht ein zusammenhängendes Ordensreich von Pommern die Ostsee entlang bis Nowgorod, das eng mit der Hanse zusammenarbeitet.

Die Macht des Ordens, der Zuzug aus allen deutschen Rittergeschlechtern erhält, sinkt nach der **Niederlage von Tannenberg** 1410 gegen die Polen. Als sich dann die preußischen Stände und die Städte, vor allem Danzig, zur Gewinnung größerer Freiheiten gegen den Orden mit den Polen verbünden, verliert der Orden im **Frieden von Thorn** 1466 alle Besitzungen westlich der Weichsel, sein ältestes Gebiet, das Kulmer Land und das Ermland. Polens Lehenshoheit muß anerkannt werden. Livland macht sich unter seinen Landmeistern selbständig. 1525 tritt **Hochmeister Markgraf Albrecht von Brandenburg** zum evangelischen Glauben über und wandelt das Ordensland in ein weltliches protestantisches Herzogtum um, das allerdings zunächst noch bis 1660 die polnische Oberhoheit anerkennen muß und nicht zum Deutschen Reich gehört. Der Sitz des Hochmeisters der katholisch gebliebenen Ritter wird Mergentheim.

DAS RITTERTUM

In den Abwehrkämpfen gegen die Araber entwickeln die Franken um 730 Reiterheere. Heinrich I. errichtet um 925 viele Burgen mit Reiterbesatzung im Kampf gegen die einfallenden Ungarn. Langsam entwickelt sich daraus der Ritterstand, dessen Rechte gegenüber dem alten Geburtsadel wachsen. Für die Italienzüge der deutschen Kaiser und für die Kreuzzüge (1096–1270) bilden die Ritter den Hauptteil der Kriegsmacht. Neben den Fürsten bilden sie als niederer Adel vor Bürgern und Bauern einen eigenen Stand aus. Während die Bauern ihre Freiheit im Laufe des Mittelalters zum größten Teil verlieren, können die Ritter die ihre bis zum Ende erhalten. Das frühmittelalterliche Lehnswesen wird allmählich durch die Erblichkeit des Grundes abgelöst.

Der Ritter ist wie der Held der Völkerwanderungszeit oder der spätere preußische Offizier die zeitgemäße Verkörperung nordisch-germanischen Wesens, eine glückliche Übereinstimmung von Form und Inhalt, Wesen und Aufgabe. In ihm lebt der auch von der Kirche unabhängige **Geist des Freien und Unabhängigen.** Im Rittertum verbindet sich germanische Kampfesfreude mit **höfischer Gesittung.** Bei freudiger Bejahung des diesseitigen Lebens wird eine edle Haltung mit den **Idealen Ehre, Treue und Maze** (Mäßigung) angestrebt. Das Ritterturnier, trotz Verbot durch ein Laterankonzil weitergepflegt, wird Ausdruck fairen Kampfes. Im von Frankreich, vor allem aus dem Reichsland Burgund, angeregten **Minnesang** erreicht die höfische Kultur mit hoher Achtung und Wertschätzung der Frau ihren Höhepunkt. Neben den Klöstern wird so der Ritter zum Träger der Kultur. Der freie Reichsritter **Walther von der Vogelweide** ist der größte deutsche Lyriker vor Goethe. Seine Lieder zeigen ausgeprägtes völkisches Bewußtsein, und er wird so zum ersten Dichter deutschen Nationalstolzes. Die Dichtungen der Ritter **Hartmann von Aue** und **Wolfram von Eschenbach** geben dem deutschen und ritterlichen Wesen Ausdruck. Das *Nibelungenlied* als Zusammenfassung der im Volk aus der germanischen Zeit lebendig gebliebenen Heldendichtung entsteht. Die Dichtung verbindet germanisches Heldentum mit christlichem Geist. **Eike von Repgow** schreibt im *Sachsenspiegel* um 1230 das erste Rechtsbuch in deutscher Sprache und aus deutscher Anschauung.

Mit dem Aufkommen der Städte und des Geldwesens verlieren die Ritter allmählich ihre wirtschaftliche Grundlage, mit dem Niedergang der Kaisermacht nach dem Aussterben der Staufer ihre eigentliche Aufgabe als Streiter für Kaiser und Reich. Sie werden zwischen Städten und Landesherren zerrieben. Das aufkommende Raubrittertum ist eine Abstiegserscheinung verarmter Ritter in friedloser Zeit. Zu Kaiser Maximilians, ›des letzten Ritters‹, Zeit um 1500 ist der Ritter schon überholt, im Kriegswesen durch den Landsknecht ersetzt. **Ulrich von Hutten** verkörpert in dieser Zeit in seinem Kampf um deutsche Libertät gegen die Machtansprüche der Kirche und des Auslandes noch einmal das ritterliche Ideal.

DIE HANSE

Im 12. Jahrhundert schließen sich in Flandern und Norddeutschland Gruppen von Städten zu Hansen zusammen. Hamburg und Lübeck verbünden sich 1241. Als Zusammenschluß verschiedener Hansen entsteht in Nordwestdeutschland die **Deutsche Hanse,** seit 1358 als ›städte van der dudeschen Hanse‹ der größte und mächtigste Städtebund des Mittelalters. Zur Zeit seiner größten Blüte gehören ihm um 1400 fast alle größeren Städte nördlich der Linie Köln– Halle–Breslau–Dorpat an. Vororte sind Lübeck und Hamburg, die Führung liegt bei **Lübeck.** Wichtige Niederlassungen bestehen in London, Brügge, Bergen, Visby und Nowgorod. Im Binnenland hat Soest große Bedeutung. Eng verbunden mit der Hanse ist der Deutsche Ritterorden. Wie er trägt die Hanse erheblich zur deutschen **Ostkolonisation** längs der Ostseeküste bis ins hohe Baltikum bei. In der Zeit nur geringer kaiserlicher Macht bildet die Hanse eine große politische Kraft und den Schutz Norddeutschlands, der ›**königliche Kaufmann**‹ entspringt dieser Zeit. Er prägt Kultur und Politik dieser Zeit im Nord- und Ostseeraum. Die wuchtigen Backsteinbauten der Hansezeit von Flandern bis Riga künden von dieser Blüte niederdeutscher Kultur. Die Verkehrssprache ist Niederdeutsch. Im Hansekaufmann lebt noch einmal Geist und Wagemut der verwandten Wikinger auf. Die Hansekoggen unterscheiden sich jedoch als Kauffahrteischiffe zum Gütertransport erheblich von den Drachenbooten der Wikinger, sind auch nicht für den offenen Atlantik geeignet.

Das 15. und 16. Jahrhundert bringt den Niedergang der Hanse. England, Burgund, Dänemark und Holland erstarken und entziehen den Hanse-Kontoren Privilegien. Der Deutschritterstaat wird zerstört, und seit der Entdeckung Amerikas verlagern sich die Handelswege.

1442 müssen die brandenburgischen Städte auf Befehl ihres Landesherrn die Hanse verlassen. In Lübeck versucht der Bürgermeister **Jürgen Wullenwever** 1533–1535 nach Einführung von Reformation und Bürgermitbestimmung durch Eingriff in dänische Thronwirren noch einmal die Größe der Hanse zurückzugewinnen. Seesiege lassen Lübeck noch einmal die alte Machtfülle über die Ostsee gewinnen, doch Niederlagen in Landschlachten gegen dänischen und holsteinischen Adel entscheiden. Des Kaisers Eingreifen gegen Wullenwever besiegelt sein Schicksal, er wird 1537 enthauptet. Der Stalhof, das Hansakontor in London, wird 1603 geschlossen. Der 30jährige Krieg zerstört den Rest der Hanse. Zum letzten Hansetag 1669 kommen nur noch sechs Städte.

In Süd- und Westdeutschland bilden sich Städtebünde in den Kämpfen zwischen Bürgertum und Adel. Der **schwäbische Städtebund** (Ulm–Reutlingen–Konstanz) schließt 1381 ein Bündnis mit dem rheinischen (Frankfurt–Mainz–Straßburg) und 1385 eines mit dem **schweizerischen** (Zürich–Solothurn). Die Schweizer siegen 1386–88 gegen Ritterheere und befreien sich von habsburgischer Vorherrschaft, während die schwäbischen und rheinischen Städte unterliegen. In den Bauernkriegen stehen sie vielfach auf Seite der Bauern gegen den Adel und die Kirche.

Bürger und Bauer im Mittelalter

Nach dem Vorbild Italiens entstehen im 10. Jahrhundert auch in Deutschland aufstrebende Städte. Durch kaiserliche Privilegien werden sie immer freier, bis sie als **freie Reichsstädte** selbständig sind. Um 1150 haben sie ihre Autonomie im Rahmen der Landesherrschaft gewonnen, verteidigen sich hinter Mauern und Toren, führen eigene Siegel und erheben eigene Steuern. Die wichtigsten deutschen Städte im 10. und 11. Jahrhundert sind Köln, Mainz und Regensburg. Einige Landesfürsten wie Heinrich der Löwe erkennen früh die wirtschaftliche Bedeutung der Stadt und des aufkommenden Geldwesens und fördern kräftig diese Entwicklung.

Gilden der Kaufleute und **Zünfte** der Handwerker entstehen. Auslandskontore werden errichtet, so um 1150 in London der **Stalhof** von Kölner Kaufleuten, die praktisch vom englischen König Hein-

53

rich II. ein Monopol für den englischen Handel erhalten, und in Venedig der **Fondaco dei Tedeschi.** Um 1150 besteht bereits die deutsche Handelsniederlassung in **Wisby** auf Gotland, lange Zeit muß die Hälfte der Stockholmer Ratsherren aus Deutschen bestehen. Städtebünde wie die Hanse fördern den Handel.

Um 1250 kommt es zu Auseinandersetzungen zwischen der bis dahin führenden städtischen Oberschicht der Patrizier und den Zünften als Vertretern der mittleren und unteren Volksschichten, die nun wachsend Einfluß gewinnen. Strenge Zunftregeln sichern die Güte der Arbeit und verhindern soziales Abgleiten. Langsam verlagert sich das geistige und kulturelle Leben in die Stadt, die von der Renaissance an die Führung übernimmt. Eine große bedeutende Stadt hat in diesen Jahrhunderten nicht mehr als 20 000 Einwohner mit Ausnahme der größeren Städte Nürnberg, Lübeck und Straßburg.

Besteht noch in ottonischer Zeit um 950 die Mehrzahl des Volkes aus freien Bauern, so kommen dann immer mehr **Bauern** in ein Abhängigkeitsverhältnis zu einem Grundherrn oder zur Kirche. Größtenteils treten sie freiwillig in die **Hörigkeit** ein, um dadurch die lästige und langwierige Heerfolge bei häufigen Kriegszügen gegen innere oder äußere Feinde zu vermeiden. Zu dem Zehnten müssen sie dann Hand- und Spanndienste leisten und verlieren immer mehr das Eigentum an ihrem Boden. Die sozialen Änderungen des 11. und 12. Jahrhunderts mit dem Aufkommen des Grundherrenwesens sowie dem der Städte und des Geldes haben zur Folge, daß die Grundherren von der bisherigen Eigenwirtschaft zur Rentenwirtschaft übergehen, das heißt, das Land nicht mehr von den hörigen Bauern im **Frondienst** beackern lassen, sondern es gegen einen Natural- oder Geldzins an die Bauern abgeben. Unter diesem Zins leiden die Bauern landschaftsweise sehr, besonders in Süddeutschland. Die große Zeit der innerdeutschen Rodung von 1000 bis 1150 und die sich daran anschließende Ostkolonisation wirken sich auf den Bauern günstig aus. Der Bevölkerungsüberschuß, der nicht in die Städte geht – Stadtluft macht frei –, besiedelt neues Land.

KUNST UND WISSENSCHAFT IM MITTELALTER

Im 9. Jahrhundert wird durch die Ungarn- und Normanneneinfälle das unter Karl dem Großen aufgeblühte Geistesleben weithin zerstört. Erst unter den Sachsenherrschern können Kunst und Wissenschaft wieder gedeihen, haben sich die Sachsen von der Umerziehung zum Christentum erholt, kommen Anregungen aus Italien und Byzanz, die die ›ottonische Renaissance‹ bewirken. Der **romanische Stil** entwickelt sich. Bildungszentren werden die Klöster Corvey, Gandersheim und Merseburg mit hohen Leistungen der Geschichtsschreibung und der Baukunst (Gernrode, Hildeshein). In den schwäbischen Abteien St. Gallen und Reichenau werden antike Schriften übersetzt, Chroniken verfaßt und geistliche Dichtungen geschrieben. Im 11. Jahrhundert wird die Bamberger Schule berühmt. Gleichzeitig wachsen die großen romanischen Dome am Rhein (Speyer, Worms, Mainz) und in Bamberg. Die Stauferzeit erlebt auch in Kunst und Wissenschaft die Blütezeit des Mittelalters. Erste Universitäten entstehen um 1200 aus berühmten Klosterschulen (Bologna, Paris, Oxford). Theologie und Philosophie errichten die Lehrgebäude der Scholastik. In der **Mystik** (Meister Eckhart 1260–1327, Tauler, Seuse) regt sich germanisch-deutsches Geistesleben gegen starren Kirchenglauben. Fahrende Studenten und Geistliche schaffen die Vagantendichtung (Carmina burana). In Adels- und Ritterkreisen entsteht eine **Rechtsliteratur** in deutscher Sprache (Eike von Repgows *Sachsenspiegel* im 1230). Um 1150 tritt der höfische Roman auf. Aus Frankreich kommen Anregungen zur **Troubadourlyrik** und zum **Heldenepos**. Im Minnesang (Walther von der Vogelweide, Reinmar der Alte) und in den großen Epikern (Hartmann von Aue, Gottfried von Straßburg, Wolfram von Eschenbach) werden Höhepunkte deutscher Literatur erreicht.

Nach 1200 verbreitet sich von Frankreich aus der **gotische Baustil** nach Deutschland (Maulbronn 1210, Marburg 1235, Köln 1248, Straßburg). Er bestimmt auch die weltlichen Bauten, vor allem die staufischen Kaiserpfalzen (Gelnhausen, Trifels) und die Burgen, gipfelnd in den monumentalen Burgen Friedrichs II. in Unteritalien (Castel del Monte): Dichtung in Stein. Fürsten folgen dem Kaiser wie Heinrich der Löwe (Burg Dankwarderode in Braunschweig) und die Landgrafen von Thüringen (Wartburg). In Nord- und Ostdeutschland bestimmt die **Backsteingotik** in Sakralbauten (Lübecker und Danziger Marienkirche), Rathäusern (Stralsund) und Burgen (Marienburg) das Bild der Städte und der Landschaft.

Die **Metallkunst** erreicht Höhepunkte in den Werkstätten von Hildesheim, Halberstadt und Köln, die **Steinplastik** ihre klassische Vollendung im **Bamberger Reiter,** den **Naumburger Stifterfiguren** und am Straßburger Münster. Glas- und Tafelmalerei lösen ab 1300 die Bildhauerei in ihrer Bedeutung ab. Noch tritt der Künstler ganz hinter seinem Werk zurück, die Namen der großen Bildhauer und Metallgießer sind nicht überliefert. Der einzelne ist dienendes Glied der geschlossenen christlich-kaiserlichen Welt.

DIE KAISER AUS VERSCHIEDENEN HÄUSERN

Nach dem Untergang der Staufer folgen Jahrzehnte der Wirren in Deutschland. Die alten Herzogtümer sind aufgelöst. Nach dem Tod König Wilhelms von Holland (1256) treten 1257 aus dem Kreis der Fürsten zum ersten Mal die **sieben Kurfürsten** als alleinberechtigt zur Königswahl hervor: die Erzbischöfe von Mainz, Köln und Trier, der König von Böhmen, der Pfalzgraf vom Rhein, der Herzog von Sachsen und der Markgraf von Brandenburg. Kennzeichnend für den Tiefstand des Reiches ist es, daß bei dieser Wahl zwei Ausländer, der Engländer **Richard von Cornwall** und der Spanier **Alfons X. von Kastilien,** kandidieren, von denen Richard nach Zahlung der größeren Bestechungsgelder gewählt und in Köln gekrönt wird. Er kann jedoch keine wirkliche Herrschaft in Deutschland ausüben und wird nicht anerkannt.

Nach Richards Tod wird statt des mächtigen, durch seine Ostkolonisation und die erneute Eindeutschung Böhmens verdienten Ottokar von Böhmen der zunächst nicht vermögende **Rudolf von Habsburg** (1273–1291) zum König gewählt. Obwohl er sich gegen die erstarkten Territorialfürsten nur zum Teil durchsetzen kann, bringt er dem Land eine friedlichere Zeit. Durch Übertragung großer Ländereien an sich und seine Familie legt er die Grundlage zur habsburgischen Hausmacht. Einen Teil des verschleuderten Reichsguts kann er wieder einbringen. Sein Nachfolger **Adolf von Nassau** (1292–1298) verliert gegen **Albrecht I. von Habsburg** (1298–1308) im Kampf Leben und Königskrone. Nach dessen Ermordung wird **Heinrich VII. von Luxemburg** (1308–1313) zum König gewählt. Durch Heirat verbindet er seinen Sohn mit Böhmen. In Mailand empfängt er 1311/12 die lombardische und in Rom die Kaiserkrone und erneuert damit das deutsche Kaisertum. Nach seinem Tod können sich die Kurfürsten wieder nicht einigen – ein Teil wählt **Ludwig von Bayern** (1314–1347), der sich erst nach der Schlacht von Mühldorf gegen den ebenfalls gewählten Friedrich den Schönen von Österreich durchsetzen kann. Vom Papst gebannt, zieht König Ludwig 1327 nach Italien und läßt sich vom Volk von Rom zum Kaiser ausrufen. Ein Gegenpapst wird eingesetzt. Wegen der hohen Finanzforderungen des Papstes und wegen seiner versuchten Einmischung in die Königswahl stehen diesesmal auch die kirchlichen Fürsten in Deutschland hinter dem König. Im **Weistum zu Rhens** wird 1338 das ausschließliche Wahlrecht der Kurfürsten für den deutschen König gegenüber dem Papst betont. Wegen territorialer Streitigkeiten wählen die Kurfürsten 1346, ein Jahr vor König Ludwigs Tod, **Karl IV.** (1346–1378) aus dem Geschlecht der Luxemburger, die Böhmen besitzen, zum König. Er macht **Prag** zur Hauptstadt des Reiches, die unter ihm zur ›Goldenen Stadt‹ wird. Hier gründet er 1348 die erste deutsche Universität. 1355 läßt er sich in Rom zum Kaiser krönen, nachdem er einen Ausgleich mit dem Papst gefunden hat. In der **Goldenen Bulle** von 1356 wird die schon geübte Praxis der Königswahl festgelegt: Wahlrecht haben die sieben Kurfürsten, Wahlort ist Frankfurt am Main, Krönungsort ist Aachen, der Papst bleibt bei der Königswahl ausgeschaltet. In Böhmen begründet Karl IV. einen modernen Beamtenstaat. Nach dem Erwerb Brandenburgs, Schlesiens und nach einem Erbvertrag mit dem Haus Habsburg reicht seine Hausmacht von der Ostsee bis zur Adria. Trotz seiner langen Regierungszeit hat Karl IV. keinen einzigen Krieg als König geführt.

Sein Sohn **Wenzel** (1378–1419), zum König gewählt, begünstigt die Hussiten in Böhmen, gerät in Gegensatz zum böhmischen Adel und zu der dortigen Geistlichkeit und wird 1400 von den Kurfürsten abgesetzt. Gegen ihn wird sein Bruder **Sigismund** (1410–1437) zum König gewählt, der durch Heirat König von Ungarn geworden ist. Dieser kann sich nach Wenzels Tod (1419) und dem Abflauen der

Hussitenkriege (1419–1436) durchsetzen. Er beruft das **Konzil zu Konstanz** zur Beendigung des Schismas in der Kirche und läßt zu, daß dort 1415 trotz seiner Zusicherung freien Geleits der tschechische Reformator **Huß** auf Drängen der Kirche verbrannt wird. 1415 überträgt er Brandenburg dem Nürnberger Burggrafen Friedrich von Hohenzollern. 1423 erhalten die Wettiner Markgrafen Sachsen und die Kurwürde. 1433 wird Sigismund zum Kaiser gekrönt. Die dringend notwendige Reichsreform kann er nicht durchführen. Das böhmisch-schlesisch-ungarische Erbe des söhnelosen Kaisers fällt an die habsburgischen Erzherzöge von Österreich.

Von 1438 bis 1806 stellen dann mit einer kurzen Ausnahme die **Habsburger** die deutschen Könige und Kaiser. Mit kluger Diplomatie und Heiratspolitik vermehren sie ihre Hausmacht weiter, vernachlässigen darüber oftmals die Belange des Reiches. Ihr großes Verdienst ist die weitere **Kolonisierung des Südostens,** die Erhaltung des Deutschtums in Schlesien und Böhmen, der **Schutz Europas gegen den Osten,** insbesondere gegen die Türken während mehrerer Jahrhunderte. Tragik bleibt es, daß das habsburgische Kaiserhaus auf der Höhe der Reformation als eines der ganz wenigen deutschen Herrscherhäuser katholisch bleibt und dann zum Hort der Gegenreformation wird.

Schon unter den ersten Habsburgerkaisern gehen dem Reich wertvolle Teile verloren; 1446 wird die Schweiz selbständig, nach 1378 geht Burgund allmählich an Frankreich verloren. 1440 stehen die Türken erstmals vor Belgrad, das damals zu Ungarn gehört. 1453 fällt Byzanz in die Hand der Türken, das oströmische Kaisertum ist damit zu Ende.

Nach dem Tod des ausstrahlenden Karl IV. wird der bis dahin bestimmende Einfluß des Deutschtums in Europa mehr und mehr zurückgedrängt zugunsten der heranwachsenden zentralistischen Staaten in Frankreich und England. Die bis dahin vom deutschen Kaiser wahrgenommene Ordnungsaufgabe in ganz Europa kann nicht mehr erfüllt werden. **Die Einheit des christlichen Europas des Mittelalters zerbricht**. Nicht zuletzt haben die Hussitenkriege in Böhmen (1419–1436) und die Zerstörung des früher mächtigen Ordensstaates (1466) durch Polen dazu beigetragen.

Anbruch der Neuzeit

Von 1347–1350 wütet die große Pest in Europa und rafft rund ein Drittel der Bevölkerung weg. Marodierende Söldnerheere, vor allem im Gefolge des Hundertjährigen Krieges zwischen Frankreich und England, bringen weitere hohe Verluste. Soziale Umwälzungen finden statt. Die Zünfte setzen sich neben den Patriziern in den Städten durch. Ein Frühkapitalismus mit reichen Handelsgesellschaften (Ravensburger Handelsgesellschaft) beginnt, aus denen sich die großen Handelshäuser der **Fugger** und **Welser** entwickeln. Die Fürsten brauchen Geld und fördern die reichen Kaufleute. Anfänge einer großräumigen Volkswirtschaft entstehen. Die Lage des Bauerntums verschlechtert sich, die **Hörigkeit wird drückender**. Im kolonisierten Osten werden die bisher freien Bauernhöfe teilweise von größeren Grundbesitzern aufgekauft. Der Gegensatz zwischen dem bedrückten Land und den durch Handel und Handwerk aufblühenden freien Städten nimmt zu.

Im 14. Jahrhundert blühen die Wissenschaften. **Universitäten** werden in Deutschland gegründet, zuerst im neubesiedelten Osten: Prag 1348, Krakau 1364, Wien 1365; anschließend auch im Westen: Heidelberg 1386, Köln 1389, Erfurt 1392, Würzburg 1402, und in Mitteldeutschland: Leipzig 1409, Rostock 1419, Greifswald 1456. Die ersten Naturwissenschaftler treten auf (Nikolaus von Oresme, Marsilius von Ingenheim). Als Philosoph, Mathematiker und Astronom ist **Nikolaus von Kues,** der Kusaner, Kardinal und zuletzt Bischof von Brixen, (1401–1464) der herausragende Geist seiner Zeit.

Um 1400 entsteht der *Ackermann von Böhmen* des **Johannes** von **Saaz** als Streitgespräch mit dem Tod, ein Durchbruch moderner Literatur. Die ersten niederländischen Maler (Brüder van Eyck, Memling) treten auf, in Köln Stephan Lochner.

Zur dringenden Reform der Kirche und zur Beendigung der Kirchenspaltung (Schisma mit Gegenpäpsten) tagen mehrere **Konzilien** mit Geistlichen aus ganz Europa: Pisa 1409; Konstanz 1414–1418 unter der Schirmherrschaft des deutschen Kaisers Sigismund, der sein Versprechen des freien Geleites nicht hält und es zuläßt, daß der tschechische Reformator Johann Huß verbrannt wird (1415), wodurch die **Hussitenkriege** (1419–1436) in Böhmen und damit eine schwere Schwächung des dortigen Deutschtums eingeleitet werden; Basel

1431–49. Die Reform der Kirche wird nicht erreicht, das Papsttum verliert weiter an Bedeutung und Ansehen. Zur Verbreitung der Wissenschaften und des nun einsetzenden Humanismus tragen die Konzilien allerdings erheblich bei.

Nachdem die einst mächtigen Erzbischöfe von Köln und Mainz bereits einen Teil ihres früheren Besitzes an weltliche Fürsten und Städte verloren haben, bilden sich, von den Konzilien abgesegnet, in Deutschland **Landeskirchen** heraus. Das kirchliche Leben wird nach staatlichem Rahmen organisiert. Die Landesherren vergeben die Kirchenpfründen und nehmen die Kirchensteuern ein.

DIE REFORMATION

Durch die Abhängigkeit von Frankreich (Papstsitz in Avignon 1309–1377) und das Scheitern der Konzilien im 15. Jahrhundert verliert das Papsttum an Einfluß. Die kirchlichen Ämter werden nur noch als Pfründen betrachtet. Die Bildung der Geistlichen sinkt sehr. Ungeheure Geldmengen werden von Deutschland nach Rom abgeführt. Der **Ablaßhandel** stößt auf Empörung. Nachdem in der Mystik sich schon eine stille Opposition zur Kirche erhoben hat, zerstört der nun beginnende Humanismus, der auf der Antike gründet, weiter die Einheit des katholischen Weltbildes. **Erasmus von Rotterdam** (1469–1536) reinigt den Text des *Neuen*, **Johannes Reuchlin** (1455–1522) den des *Alten Testamentes*; beide geraten damit in Gegensatz zur Kirche. Streitschriften gegen die Mißstände in der Kirche entstehen. An ihnen ist der nationalbewußte freie Reichsritter **Ulrich von Hutten** (1488–1523) maßgeblich beteiligt.

Als der **Ablaßkrämer Tetzel** 1517 im Auftrag des Papstes mit einem Agenten des großen Handelshauses Fugger durch Deutschland zieht und Vergebung der Sünden durch Zahlung für den Bau der Peterskirche in Rom verkündet, schlägt der Theologieprofessor **Dr. Martin Luther** am 31. 10. 1517 seine **95 Thesen** an der Schloßkirche zu Wittenberg an. Durch eine Pilgerreise nach Rom 1510–1511 hat er das unchristliche Renaissancepapsttum kennengelernt. Luthers These, daß Sünden nur durch Gottes Gnade, nicht durch Geldzahlungen vergeben werden können, erfaßt ganz Deutschland und erschüttert die Kirche. Luthers Landesherr Friedrich der Weise, der

Kaiser und der Reichstag verhindern, daß Luther sich in Rom verantworten muß, so daß er nur in Augsburg 1518 vom päpstlichen Legaten verhört wird. Luthers *Man muß Gott mehr gehorchen als den Menschen* ist die Antwort auf den geforderten Widerruf. Beim Streitgespräch in Leipzig im Juli 1519 leugnet Luther die Unfehlbarkeit der Konzilien und trennt sich so von der Kirche. Ulrich von Hutten und der angesehene Professor Melanchton treten zu Luther über. Weitere Streitschriften Luthers entstehen, 1520 *An den christlichen Adel deutscher Nation von des christlichen Standes Besserung,* danach *Von der Freiheit eines Christenmenschen.* Darin wird das allgemeine Priestertum der Gläubigen begründet, dem Papst das letzte Wort in Glaubenssachen abgesprochen, die Zahl der Sakramente verringert. Die **päpstliche Bannbulle** gegen Luther wird von den Wittenberger Professoren zurückgewiesen, von Luther am 10. 12. 1520 in Wittenberg öffentlich verbrannt. Damit hebt in Deutschland ein Sturm nationalen Erwachens gegen die jahrhundertelange geistige Vorherrschaft durch Rom an. Die Möglichkeit auch der Erneuerung des Reiches bietet sich an, da alle Stände von der Bewegung erfaßt werden. Doch nach dem Tod des toleranteren Kaisers Maximilian (1493–1519) wird mit dem jungen Karl V. (1519–1556) zwar ein Verfechter der universalen Reichsidee, aber auch des dogmatischen Katholizismus König und Kaiser, der die Gegenreformation einleitet, die maßloses Unglück über das Reich bringt. Auf dem **Reichstag zu Worms** (1521) widerruft Luther nicht. Nach seiner Abreise verhängt der Kaiser die Reichsacht gegen ihn, seine Bücher sollen verbrannt werden. In Zukunft darf kein Buch mehr ohne geistliche Zensur gedruckt werden. Auf der Rückreise wird Luther von Rittern seines Landesherrn ›entführt‹ und für einige Zeit auf der **Wartburg** in Sicherheit gebracht. Hier leistet Luther mit der **Übersetzung der Bibel** in die sächsische Kanzleisprache die Großtat, den Deutschen ihre gemeinsame Hochsprache zu geben. Durch Flugblätter und Schriften wirkt er von der Wartburg weiter. Mächtige Landesherren wie Philipp von Hessen und Albrecht von Brandenburg, zugleich Hochmeister des deutschen Ritterordens, treten zu Luthers Lehre über. Die auch dadurch geförderte Erhebung der Reichsritter unter Franz von Sickingen 1522–1523 gegen die geistlichen Fürsten am Rhein wird niedergeschlagen. Damit verlieren die Ritter ihre letzte Bedeutung.

Das mit der Reformation durchbrechende Freiheitsgefühl trägt wesentlich mit zum Ausbruch der **Bauernkriege** bei. Luther hat zunächst Verständnis für die gerechten Forderungen der Bauern, wendet sich dann aber mit der Schrift *Wider die räuberischen und mörderischen Bauern* gegen sie. Auf dem Reichstag zu Speyer wird 1529 jedem Stand das Bekenntnis freigegeben. Inzwischen hat Luther den Katechismus geschrieben, 1524 die Mönchskutte abgelegt und 1525 Katharina von Bora geheiratet. Sein vorbildliches Familienleben fördert die Verbreitung seiner Lehre. Im Oktober 1529 scheitert das Religionsgespräch in Marburg zwischen Luther und dem Schweizer Reformator **Zwingli**. Gegen die heranrückenden Türken ruft Luther mit der Schrift *Krieg wider die Türken* auf. In Abwesenheit des Kaisers kann Wien sich unter Graf Salm erfolgreich gegen die türkische Belagerung vom 24. 9. bis 14. 10. 1529 wehren. Als der Kaiser 1530 das von Melanchton ausgearbeitete Augsburger Bekenntnis ablehnt, gründen protestantische Fürsten und Reichsstädte den **Schmalkaldischen Bund.** Wegen der Türkenbedrohung muß der Kaiser 1532 im Nürnberger Religionsfrieden die Protestanten anerkennen und Prozesse gegen sie einstellen. Im Todesjahr Luthers 1546 gelingt es dem Kaiser, den Schmalkaldischen Bund durch Diplomatie und Kampf zu besiegen. In den anschließenden Wirren ruft der mehrfach die Front wechselnde **Moritz von Sachsen** die Franzosen ›als Retter der germanischen Freiheit‹ ins Land und liefert ihnen dafür Metz, Toul und Verdun aus. Nach der Abdankung Kaiser Karls V. kommt 1555 im **Augsburger Religionsfrieden** für einige Zeit Ruhe in den Glaubensstreit: Der Landesherr bestimmt den Glauben, Andersgläubige dürfen auswandern. Durch die beginnende Gegenreformation gehen die Auseinandersetzungen um den rechten Glauben jedoch weiter. Während andere Völker die Welt entdecken und in Übersee große Reiche gründen, zerfleischt sich Deutschland über ein Jahrhundert in Glaubenskämpfen.

DIE BAUERNKRIEGE

Luthers Lehre von der Freiheit eines Christenmenschen löst eine soziale Bewegung aus, die sich schon seit Jahrzehnten ankündigt: Die Bauern erheben sich 1525. Besonders die kleinen Territorialherren in Franken und Schwaben haben für ihre prunkhafte Hofhaltung die Bauern in unerträglicher Weise bedrückt und ihnen untragbare Lasten auferlegt. Die allgemeine Mark, das Wald- und Jagdrecht ist ihnen genommen, der durch die herrschaftliche Jagd verursachte Schaden wird nicht ersetzt. Angesichts des Pomps der Kirche wirkt der hart von ihr eingetriebene Zehnte besonders aufreizend. Für dieses soziale Pulverfaß wirkt Luthers Aufstand gegen die Kirche und sein Rückgriff auf die germanische Freiheit wie ein Funke. Im Frühjahr 1525 steht ganz Schwaben im Aufruhr, viele Städte schließen sich den Bauern an, **der Bauernkrieg greift auf ganz Süd- und Mitteldeutschland über.** In einem maßvollen Programm mit 12 Punkten fordern die Bauern unter Bezugnahme auf die Heilige Schrift freie Wahl des Pfarrers, Milderung des Zehnten und anderer Abgaben, freie Jagd und freien Fischfang, Herrendienst gegen Bezahlung. Dazu wird die Forderung nach einer umfassenden Reichsreform erhoben, deutsches Recht soll das geltende römische ablösen, in ganz Deutschland sollen einheitliche Maße, Münzen und Steuern gelten.

Ritter wie **Florian Geyer** und **Götz von Berlichingen** treten an die Spitze der Bauern. Doch es fehlt ein tüchtiger Führer, der die Anfangserfolge ausnutzen kann. Eine Verrohung tritt ein. Allein in Franken werden 50 Klöster und über 250 Burgen zerstört. In Mitteldeutschland führt Thomas Münzer die immer zügelloser werdenden Bauernscharen. Luther wendet sich wegen ihrer Grausamkeiten gegen die Bauern. Kaiser **Karl V.** ist im Ausland mit Krieg gegen Frankreich befaßt. Im Verlaufe des Sommers 1525 schlagen dann Landsknechts- und Ritterheere nacheinander die einzelnen Bauernscharen und metzeln die Verlierer grausam nieder. Die mit den Bauern verbundenen Städte werden hart bestraft. In Würzburg wird dem großen Bildschnitzer Tilmann Riemenschneider auf der Folter die Hand gebrochen. Der Aufstand der Bauern in Österreich wird beim **Radstatter Blutgericht** 1526 ebenso grausam im Blut erstickt. Die Lage der Bauern wird nach diesen großen Niederlagen noch schlechter als vorher.

Ein früher Vorläufer des Aufstandes der Bauern gegen die Unterdrückung durch die Kirche ist im 13. Jahrhundert die Erhebung der **Stedinger Bauern** an der Unterweser gegen den Erzbischof von Bremen. Die Stedinger werden zu Ketzern erklärt. Sie können zunächst mehrere gegen sie anrückende Heere schlagen, werden jedoch schließlich 1234 durch ein ›Kreuzheer‹ vernichtet.

Dagegen können die **Dithmarscher Bauern** ihre Freiheit wahren. Kriegszüge der Dänen und deutscher Fürsten, u. a. Heinrichs des Löwen, können sie abwehren. Die **Schweizer Bauern** können, vereint mit den Städten, die Adelsherrschaft abschütteln und sich von der Habsburger Herrschaft befreien.

HUMANISMUS UND RENAISSANCE

Nach der Eroberung Konstantinopels durch die Türken 1453 und der Flucht vieler Griechen nach Westen setzt von Oberitalien aus eine verstärkte Beschäftigung mit der Antike ein, die sich auf geisteswissenschaftlichem Gebiet im Humanismus immer mehr von der Kirche entfernt. **Erasmus von Rotterdam** (1466–1536) und der Schwabe **Johannes Reuchlin** (1455–1522) beschäftigen sich mit der griechischen und hebräischen Sprache. Die deutsche Sprache und Geschichte gewinnen durch die Wiederauffindung der *Germania* des Tacitus größere Beachtung und in **Ulrich von Hutten** einen geistvollen Vorkämpfer.

Die Naturwissenschaften kommen voran. **Johannes Müller** (Regiomontanus, 1436–1476) errichtet in Nürnberg die erste Sternwarte; **Nikolaus Kopernikus** (1473–1543), deutscher Domherr in Frauenburg im Ermland, stellt das heliozentrische Weltsystem auf, wonach die Erde um die Sonne kreist. Der berühmte schwäbische Arzt **Paracelsus** (1493–1541) führt die organische Betrachtung und chemische Behandlung von Krankheiten ein und hält als erster Universitätsvorlesungen (in Basel) in deutscher Sprache.

In der Kunst tritt in Anknüpfung an die Antike statt kirchlicher Themen der Mensch in den Vordergrund. Der Künstler steht nun als Individualist neben seinem Werk und wird bekannt. Die bedeutendste Künstlerpersönlichkeit der Zeit in Deutschland ist **Albrecht Dürer** (1471–1528) in Nürnberg, der ein großes Werk als Maler, Graphiker und Schriftsteller hinterläßt. Seine Darstellung des deutschen Menschen (Kaiserbilder), des Schicksals (Ritter, Tod und Teufel) und der Natur (Hase, Veilchen) sind unübertroffen. Mit ihm schaffen in Nürnberg die **Erzgießer Vischer** (Sebaldusgrab). In Würzburg schnitzt **Tilmann Riemenschneider** (um 1460–1531) seine herrlichen Altäre.

Der Aufbruch des Geistes aus mittelalterlicher Enge und seine Befreiung von den Fesseln der kirchlichen Scholastik machen sich auch in den Entdeckungen bemerkbar. **Johannes Gutenberg** erfindet 1495 in Mainz den Buchdruck, wodurch erst Humanismus und Reformation so sehr wirken können. **Peter Henlein** führt 1510 die Unruhe in die Uhr ein (Nürnberger Ei). Auch in Nürnberg stellt **Martin Behaim** 1492 den ersten Globus her. In West- und Südeuropa beginnt die Zeit der großen Entdeckungsfahrten nach Amerika und Indien. Der risikofreudige, wagende, unternehmungslustige europäische Mensch findet seine Welt im geistigen wie im materiellen Bereich ungeheuer erweitert und geht optimistisch an die neuen Aufgaben.

In dieser Zeit des Aufbruchs des Geistes und der Wissenschaften sinkt der Einfluß des Reiches nach außen wie im Inland. Die habsburgischen Kaiser sind in erster Linie auf die Vermehrung ihrer Hausmacht bedacht. Der Partikularismus in Deutschland nimmt weiter zu. **Karl V.** kann als Kaiser des Heiligen römischen Reiches deutscher Nation und König von Spanien samt seiner Kolonien die Macht des Reiches noch einmal außenpolitisch entfalten, zerbricht aber an den Glaubenskämpfen im Innern.

KAISER KARL V.

Nach Kaiser Maximilians, des ›letzten Ritters‹, Tod 1519 wird dessen Enkel **Karl V.** mit 19 Jahren dank größerer Bestechungsgelder vor Franz I. von Frankreich zum deutschen König gewählt. In den Niederlanden streng katholisch erzogen und seit 1517 als König von Spanien, das er von seiner Mutter erbt, in Spanien lebend, ist ihm Deutschland fremd. Er versucht, die **mittelalterliche Reichsidee** und die Kaisermacht zu erneuern. Gestützt auf seine habsburgische Hausmacht, die spanischen Lande und deren Kolonien, will er Europa noch einmal in eine politische und geistige Einheit bringen. Er unterschätzt dabei die neuen nationalstaatlichen und religiösen Bewegungen, die eine universale Idee auf der alten katholischen Grundlage nicht mehr zulassen. Sein Leben lang führt Karl V. **Kriege ge-**

gen Frankreich (Schlacht von Pavia 1525), **gegen den Papst** und **Italien** mit wechselndem Erfolg. 1530 wird er als letzter deutscher Kaiser vom Papst in Bologna gekrönt. Als 1529 die **Türken Wien belagern,** ist der Kaiser fern. Als sie 1532 wieder anrücken, führt der Kaiser ein Kreuzfahrerheer gegen sie an. In weiteren Kriegen erobern die inzwischen mit den Franzosen verbündeten Türken 1541 Ungarn. In den außenpolitischen Ruhepausen versucht Karl V. die **Glaubensspaltung in Deutschland** durch Bekämpfung der Protestanten rückgängig zu machen, Diplomatie und Kriegszüge bringen aber keinen durchschlagenden Erfolg. Um 1530 und noch einmal um 1550 scheint sich der Kaiser allgemein durchsetzen zu können und ein Reich zu beherrschen, in dem die Sonne nie untergeht. Doch dann treffen ihn große Rückschläge. Die Türken bereiten neue Einfälle vor. **Moritz von Sachsen,** durch Verrat an den Protestanten Kurfürst von Sachsen geworden, verbindet sich mit dem Reichsfeind Frankreich gegen den Kaiser, wobei der Kaiser fast gefangengenommen wird. Als Karls V. Bruder **Ferdinand**, seit 1531 als deutscher Mitregent, sich mit Moritz von Sachsen verständigt und der Kaiser vergeblich das von Moritz an Frankreich ausgelieferte Metz 1553 belagert hat, zieht Karl V. sich enttäuscht und des Kämpfens müde nach Holland zurück, überträgt dann seinem Bruder die deutsche Herrschaft, verzichtet auf die Kaiserkrone und geht, der Welt entsagend, in das Kloster St. Juste in Spanien, wo er 1558 stirbt.

Mit Karl V. ist eine große, politisch gewandte Persönlichkeit gescheitert, da sie sich gegen den Geist der Zeit wandte und Vergangenes wiederherstellen wollte. Was hätte dieser begabte, mit jungen Jahren zur Herrschaft gekommene Herrscher in den langen Jahrzehnten seiner Regierung erreichen können, wenn er nach Annahme der Reformation und Reform des Reiches die Stände des Reiches nahezu geschlossen hinter sich gehabt hätte? So hat er in schließlich doch nicht erfolgreichem Kampf die Glaubensspaltung nicht verhindert, sondern vertieft und seinen Nachfolgern, Ferdinand I. (1555–1564) und Maximilian II. (1564–1576) insbesondere, einen verhängnisvollen Weg vorgezeichnet.

DIE GEGENREFORMATION

Um 1550 sind von den größeren Herrscherhäusern nur noch die **Habsburger und Wittelsbacher katholisch**. Ganz **Nord-, Mittel- und Ostdeutschland ist evangelisch**, das Rheinland calvinistisch. Auch in den Bistümern Köln, Münster, Paderborn und Osnabrück herrscht weithin die neue Lehre. Die meisten Reichsstädte sind evangelisch, auch Österreich größtenteils, vor allem sein Adel. Böhmen ist zu 90 % evangelisch, Mähren und Schlesien werden von den Städten und vom Adel her reformiert. Die Siebenbürger Sachsen haben 1543 geschlossen das Luthertum eingeführt. Doch nach Luthers (1546) und Melanchtons (1560) Tod fehlt den Protestanten der geistige Führer. Der Streit zwischen Lutheranern und Calvinisten lähmt sie.

Ab 1540 kommt es zu innerkirchlichen Reformen von Rom aus, insbesondere im Gefolge des **Trienter Konzils** (1545–1563). Von dem Spanier **Ignatius von Loyola** wird 1540 der **Jesuitenorden** gegründet, der mit unbedingtem Gehorsam gegenüber den Ordensoberen und dem Papst geistig und kämpferisch unter dem Wahlspruch »Alles zur größeren Ehre Gottes« die nun beginnende Gegenreformation anführt. Im jesuitischen Collegium germanicum in Rom werden ausgesuchte deutsche Priester für den religiösen Kampf in Deutschland geschult. Bereits 1543 tritt der erste Jesuit in Deutschland in Mainz auf. In Köln entsteht 1544 die erste deutsche Niederlassung des Ordens. Kaiser Ferdinand gründet die Jesuitenkollegien in Wien (1551), Prag und Innsbruck. Die Jesuiten setzen sich besonders im Schulwesen ein und erlangen als Hochschullehrer großen Einfluß und hohes Ansehen. Als Beichtväter der katholischen Herrscher üben sie entscheidenden Einfluß aus. Noch in den 60er Jahren beginnen sie die **Gegenreformation** von Köln, Trier, Mainz, Augsburg, München und Ingolstadt, dann auch von Fulda aus, vom Kaiser Maximilian II. (1564–1576) besonders gefördert. In einem halben Jahrhundert bis zum Beginn des Dreißigjährigen Krieges erreichen sie es, daß große Gebiete und eine Reihe bedeutender Städte (Aachen, Paderborn, Hildesheim, Bamberg, Straßburg, u. a.) zum Teil mit Waffengewalt wieder katholisiert werden. Insbesondere in Westfalen, am Niederrhein, in Bayern, Böhmen, Mähren, Schlesien, Österreich, Kärnten und Krain wird die Reformation stark zurückgedrängt. Unter dem Einfluß der Türkengefahr erhalten 1609/10 die nieder- und oberösterreichischen Stände und Städte noch einmal die Religionsfreiheit verbürgt, ebenso die Stände in Ungarn und Mähren, dann die in Böhmen. Kurz darauf verursacht die Gegenreformation den Dreißigjährigen Krieg.

Um 1566 beginnt der erfolgreiche **Aufstand der Niederländer** gegen die blutige spanische Gegenreformation. Die Hinrichtung ihres **Grafen Egmont** (1568) und die Plünderung Antwerpens führen zu fanatischem Widerstand der Holländer (Geusen) unter **Wilhelm von Nassau-Oranien** gegen den spanischen ›Bluthund‹ Alba, wobei auch die Deiche geöffnet werden. Da weder der Kaiser noch die deutschen Protestanten eingreifen, löst sich dieses deutsche Land immer mehr vom Reich, und 1648 wird seine völlige Selbständigkeit anerkannt.

DER DREISSIGJÄHRIGE KRIEG

Nach 1600 lähmt die Glaubensspaltung das Reich mehr und mehr. Der Reichshofrat wird wegen Begünstigung der Katholiken von den Protestanten, das Reichskammergericht wegen des evangelischen Vertreters für Magdeburg von den Katholiken nicht mehr anerkannt. Als 1608 Donauwörth mit Waffengewalt wieder katholisiert wird, verlassen die Protestanten den Reichstag und schließen sich zur **Union** zusammen. Die Katholischen gründen unter bayerischer Führung die **Liga** und stellen ein Heer unter **Tilly** auf. Als **Kaiser Matthias** 1618 in Böhmen entgegen der 1609 im Majestätsbrief zugesicherten Religionsfreiheit evangelische Kirchen schließen und einreißen läßt und seine Nachfolge in Böhmen seinem katholischen Vetter Ferdinand überträgt, kommt es zum **Prager Fenstersturz** dreier kaiserlicher Beamten. Ein Aufstand der evangelischen Stände in Böhmen, Mähren, Schlesien und Österreich beginnt. Nach Kaiser Matthias' Tod 1619 rücken protestantische Truppen bis vor Wien, setzen Ferdinand als König von Böhmen ab und dafür **Friedrich von der Pfalz** ein. Gleichzeitig wählen die Kurfürsten in Frankfurt den schon in Österreich als Gegenreformator tätigen Erzherzog Ferdinand zum Kaiser. Die Fronten zum Beginn des Dreißigjährigen Krieges sind damit bezogen.

Mit den Ligatruppen besiegt Tilly 1620 die Protestanten am Wei-

ßen Berg bei Prag. Der ›Winterkönig‹ Friedrich flieht nach Holland, die Union löst sich auf. Die Spanier dringen in die evangelische Pfalz ein, König Christian IV. von Dänemark kommt den Protestanten im Norden zu Hilfe. Gegen ihn stellt der Kaiser 1625 **Wallenstein** als Heerführer auf. Inzwischen hat **Kardinal Richelieu,** seit 1624 leitender Staatsmann Frankreichs, im Bund mit England ein Heer am Niederrhein gegen den Kaiser aufgestellt. Mit Tilly schlägt Wallenstein die Dänen und Protestanten. Er ist beim **Frieden von Lübeck** mit Dänemark 1629 Herr ganz Nord- und Mitteldeutschlands und Jütlands. Nur Stralsund trotzt ihm mit Erfolg. Das scharfe **Restitutionsedikt** des Kaisers gegen die Protestanten zerschlägt 1629 die Möglichkeit eines allgemeinen Friedens. Aus Argwohn gegen seine Macht und wegen seiner Pläne für einen Frieden und ein erneuertes deutsches Kaisertum mit geringerer Bedeutung der Kirchen wird Wallenstein 1630 vom Kaiser entlassen. Fast gleichzeitig landet, von den Franzosen bewogen und unterstützt, **König Gustav Adolf von Schweden** in Pommern. Erst die Plünderung Magdeburgs durch Tillys Truppen (1631) läßt die vorher auch gegen die evangelischen Schweden mißtrauischen Protestanten sich mit Gustav Adolf verbinden. Dieser schlägt 1631 das katholische Heer unter Tilly bei **Breitenfeld** völlig. Die Protestanten erobern Böhmen mit Prag, Westdeutschland mit Mainz und den Süden mit München und Nürnberg. In dieser Notlage beruft der Kaiser erneut Wallenstein zum Heerführer der katholischen Seite. Bei **Lützen** wird Wallenstein 1632 von den Schweden besiegt, doch König Gustav Adolf fällt. Der Krieg verroht. Als Frankreich sich verstärkt einmischt, sucht **Wallenstein** einen Ausgleich mit den Protestanten. Er will Einheit und Vorteil des Reiches wahren und den sinnlosen Krieg mit der Selbstzerfleischung Deutschlands beenden. Er nutzt mögliche Schwächen der Protestanten nicht aus und vermeidet Entscheidungsschlachten. Da er somit der Reichsidee treuer ist als dem Katholizismus, wird er im Januar 1634 erneut vom Kaiser entlassen, zum Hochverräter erklärt und kurz darauf **von katholischer Seite in Eger ermordet**. Mit seinem Tod ist die große Möglichkeit vergeben, den Krieg zu beenden, die ausländische Vorherrschaft in Deutschland zu vermeiden und das ganze Elend der noch folgenden 14 Kriegsjahre zu verhindern.

1633 besetzt Frankreich Lothringen. Ab 1636 führt es offen Krieg gegen Deutschland und hintertreibt Möglichkeiten zum Frieden. Nach

70

Richelieus Tod 1642 führt **Kardinal Mazarin** diese Politik Frankreichs weiter. Die Franzosen hausen fast ununterbrochen in Süddeutschland. **Kurfürst Friedrich Wilhelm I.** von Brandenburg sagt sich vom Kaiser los und schließt 1641 einen Frieden mit den Schweden, ebenso Sachsen 1644. Ab 1644 wird in Münster mit den Franzosen, in Osnabrück mit den Schweden um Frieden verhandelt. 1647 rücken schwedische Truppen noch einmal bis vor Wien und Prag und verwüsten mit den Franzosen Bayern. Dann wird wegen völliger Erschöpfung auf allen Seiten am 24. 10. 1648 der **Frieden von Münster und Osnabrück** geschlossen. Die meisten europäischen Staaten sind vertreten. In der Glaubensfrage, dem Grund des Krieges, bleibt alles wie vorher: Der Augsburger Religionsfriede wird bestätigt und auf die Reformierten ausgedehnt, für die geistlichen Besitzungen gilt, sehr zum Nachteil der Protestanten in den habsburgischen Ländern, der Stand vom 1. 1. 1624. Schweden erhält Vorpommern, Teile Hinterpommerns mit der Odermündung, Bremen und Verden; Frankreich bekommt endgültig Metz, Toul und Verdun mit ihrem Umland, dazu das Oberelsaß und Breisach. Die Schweiz und die Niederlande werden vom Reich unabhängig. Die rund 300 deutschen Territorialfürsten erhalten volle Landeshoheit mit Bündnisrecht, nur nicht gegen Kaiser und Reich. Daneben verbleiben rund 1400 reichsunmittelbare Herrschaftsgebiete. Das Kaisertum ist von nun an bis zu seiner Auflösung 1806 nur noch ein Schatten seiner selbst. Der Einspruch des Papstes gegen den Frieden bleibt ohne Wirkung. Für alle Taten während des Krieges wird auf allen Seiten **Generalamnestie** geübt.

Am meisten hat das Reich verloren. Es ist handlungsunfähig, hat wertvolle Gebiete abtreten müssen. Mit Frankreich und Schweden haben fremde Mächte als Besitzer von Reichsland Eingang in Deutschland gefunden, treten als Reichsstände dem Kaiser entgegen und können ihre Heere auf deutschem Boden tummeln lassen. Der Krieg hat den Wohlstand zerstört, den Handel zum Erliegen gebracht, Bergbau und Gewerbe zurückgeworfen, ungeheure Kunstschätze vernichtet. Bildung und Wissenschaft gibt es kaum noch. Große Teile der deutschen Bevölkerung sind getötet, in Böhmen mehr als 25 %, in der Pfalz über 90 %, in Württemberg rund 80 %. Banden von Mordbrennern durchziehen noch lange das Land, das sich nur langsam erholt. Die Intoleranz der katholischen Seite hat Millionen von Toten gefordert und die Reichsmacht zerstört.

DIE BAROCKZEIT

Das die Renaissance ablösende Barockzeitalter kommt in Deutschland erst nach dem Dreißigjährigen Kriege zur Wirkung und setzt sich im Rokoko bis zur Aufklärung fort. Träger dieser Kultur sind die Herrscherhäuser, der hohe Adel und die großen Kirchenfürsten, die unter dem Krieg, anders als Bürger und Bauern, kaum gelitten haben. In der bildenden Kunst weichen gerade Linien den schwungvollen formenreichen Entwürfen. Gewundene Säulen, Zwiebeltürme, große Treppenhäuser sind kennzeichnend. Die ganze Landschaft wird einbezogen, Ganzheitlichkeit wird angestrebt. Schwerpunkt ist Süddeutschland mit den Baumeistern **Lukas von Hildebrandt** (Schloß Belvedere) und **Fischer von Erlach** (Schloß Schönbrunn, Wiener Karlskirche), **Balthasar Neumamm** (Vierzehnheiligen). **Andreas Schlüter** baut in Berlin (Schloß, Gr. Kurfürst-Denkmal), **Daniel Pöppelmann** in Dresden (Zwinger). Als Maler treten **Rubens** und **Rembrandt** in Holland hervor. In der Literatur sind **Grimmelshausen** (Simplizissimus) und die geistlichen Dichter **Angelus Silesius, Paul Gerhardt, Opitz** und **Fleming** zu nennen. In der Musik kennzeichnen die Gesamtkunstwerke Oper und Oratorium die Zeit. Die Großen sind hier **Heinrich Schütz, Georg Friedrich Händel** und **Johann Sebastian Bach.**

Der umfassendste Geist der Zeit in Deutschland ist **Gottfried Wilhelm Leibniz** (1646–1716). Als Philosoph entwirft er mit der Monadenlehre und der prästabilierten Harmonie das Bild einer vernünftigen, von Gott zum besten geschaffenen Welt. Als Mathematiker bildet er mit dem Engländer Newton die Infinitesimalrechnung aus. Von Hannover nach Berlin gerufen, gründet er dort die Akademie der Wissenschaften. Als Diplomat unternimmt er viele Reisen. Als Politiker bemüht er sich um die Einigung der Kirchen und versucht, Frankreich durch den Vorschlag eines Kanals bei Suez vom Reich abzulenken. Gegen die bei den Franzosen vorherrschende Einseitigkeit der Verstandeskultur erstrebt er die Ganzheitlichkeit des Menschen aus Denken, Fühlen und Glauben. Auch zur Theologie, Rechtswissenschaft, Geschichte und Sprachwissenschaft trägt er beachtliche Arbeiten bei.

Das Barock ist die letzte, als einheitliche Form in ganz Europa empfundene Kulturepoche des Abendlandes. Katholische Erneuerung, evangelischer Pietismus, fürstlicher Absolutismus und philosophischer Universalismus, Diesseitsfreude mit Weltbejahung und alte Traditionen kennzeichnen diesen in sich ruhenden Stil. Gegenüber dem Individualismus der Renaissance tritt das Ganze, die Kirche oder der Staat, in den Vordergrund.

Der Adel schließt sich stärker gegen die anderen Schichten ab. Das Bürgertum sucht Bildung und ahmt Adel und Franzosentum nach. **Französische Mode** und Sprache verdrängen weithin alte Sitten und die deutsche Sprache bei den gebildeten Ständen. Die Kluft zwischen den einzelnen Volksschichten vergrößert sich. Noch bis ins 18. Jahrhundert dauern die Hexenprozesse und lodern die Scheiterhaufen, auch in evangelischen Landen.

ÖSTERREICH UND DAS REICH NACH 1648

Der Westfälische Frieden macht das Reich zu einem losen Staatenbund, nimmt dem Kaiser fast alle Rechte. Der Reichstag tagt ab 1663 dauernd in Regensburg. Er hat wie das Reichskammergericht (ab 1688 in Wetzlar) und der Reichshofrat (Wien) kaum Bedeutung. Das im Ernstfall aufzustellende Reichsheer besitzt keine Schlagkraft. **Die Reichsidee schwindet.**

Frankreich greift unter **Ludwig XIV.** (1643–1715) in alle Wahlen und Erbfolgen in Deutschland mit Geldern oder Truppen ein. Ein Frankreich höriger Rheinbund deutscher Fürsten entsteht (1658–1668). Als 1663 die Türken wieder gegen Österreich vorrücken, verbündet Frankreich sich mit ihnen, Jahrzehnte muß Österreich einen Zweifrontenkrieg gegen beide führen. Die Franzosen verwüsten 1673/74 die Pfalz und setzen über den Rhein. 1677 erobern sie Breisach, 1678 Kehl. Im Frieden von 1679 erhalten sie Freiburg und Lothringen. 1681 überfallen sie die **alte Reichsstadt Straßburg** und entreißen sie dem Reich. 1683 stehen die **Türken vor Wien,** das sich halten kann, bis das Reichsheer die Belagerer schlägt. Die Türken werden nach Ungarn zurückgedrängt. Von den Franzosen werden 1684 Trier und Luxemburg besetzt.1688 fallen die Franzosen erneut in die Pfalz ein und erobern Speyer, Worms, Mainz, Bonn, Stuttgart und Tübingen. Vor dem heranrückenden Reichsheer wird von ihnen Heidelberg in Brand gesteckt, die Pfalz grausam verwüstet. Die Gräber der Salier-Kaiser im Speyerer Dom werden geplündert. 1692 dringen die Franzosen erneut nach Süddeutschland vor, Calw, Pforzheim und Hirsau gehen in Flammen auf. Der französische General Melac zerstört 1693 erneut Heidelberg und sprengt das Heidelberger Schloß. Als die Türken 1697 wieder anrücken und das österreichische Heer vernichtend schlagen, beruft Kaiser Leopold (1658–1705) den **Prinzen Eugen von Savoyen, den ›edlen Ritter‹**, zum Oberfeldherrn, der in den folgenden Jahrzehnten das Reich gegen Türken und Franzosen verteidigt. In den Jahren 1702 bis 1714 stehen die **Franzosen fast jedes Jahr in Süddeutschland**, verbündet mit Bayern gegen Österreich und das Reich. Prinz Eugen kann 1716–1718 die Türken mehrfach schlagen und Belgrad zurückerobern. Von nun an bleiben Ungarn und Siebenbürgen von Türken frei und beim Hause Österreich, das in diesen Kämpfen zur Großmacht aufgestiegen ist. Mit dem Tod Ludwigs XIV. hören 1715 zunächst die französischen Raubkriege auf. Erst 1733/34 besetzen die Franzosen wieder Lothringen, Trier und Kehl. Lothringen fällt 1738 endgültig an Frankreich. Kaiser Karl VI. (1711–1740) muß nach Prinz Eugens Tod 1736 auch gegen die Türken Niederlagen hinnehmen. Da sohnlos, versucht er mit der **Pragmatischen Sanktion** die Thronfolge für seine Tochter Maria Theresia zu sichern.

Kurfürst Georg von Hannover gelangt 1714 auf den englischen Thron. Dieses auf die Welfen zurückgehende Haus Braunschweig-Lüneburg regiert in England bis 1901, bis 1837 in Personalunion mit Hannover.

PREUSSENS AUFSTIEG

Friedrich Wilhelm I. von Brandenburg, der Große Kurfürst, (1640–1688) ist der erste bedeutende Herrscher der Hohenzollern in Brandenburg. Er hat dem Land die Idee eines Staates eingehaucht. Mit den Schweden schließt er 1641 Frieden und geht mit dem Erwerb von Hinterpommern und der Bistümer Magdeburg, Minden, Halberstadt und Kamin aus dem Dreißigjährigen Krieg hervor. Er reformiert sein Heer und entläßt es nach Kriegsende nicht. Er schafft einen wirksamen Beamtenstaat und fördert Gewerbe und Industrie. 1660 kann er sich der polnischen Oberhoheit über Ostpreußen entledigen und ist damit Herrscher in einem Land außerhalb des Reiches. Er drängt die Macht des Adels zurück und beschränkt die Stände auf Provinzialvertretungen. Ausländische Kolonisten und Handwerker werden angesiedelt, besonders viele aus Frankreich wegen ihres evangelischen Glaubens geflüchtete Hugenotten. Die Religionen werden toleriert. Die ins Land eingebrochenen Schweden werden 1675 vom Großen Kurfüsten trotz ihrer Übermacht bei **Fehrbellin** völlig geschlagen, Stettin, Greifswald und Stralsund erobert. In Ostpreußen eingefallene Schweden werden von Derfflinger im Winter bis Riga vertrieben. Die vom Großen Kurfürsten geschaffene Flotte unternimmt Handelsfahrten nach Westafrika, wobei 1680 das Fort Groß-Friedrichsburg an der Guinea-Küste als Kolonie gegründet wird.

Sein Sohn und Nachfolger **Friedrich III.** (1688–1713) legt als Barockfürst auf Prunk und große Hofhaltung Wert. Am 18. 1. 1701 krönt er sich in Königsberg als **Friedrich I. zum König in Preußen.** Er erwirbt die Grafschaften Mörs, Lingen, Geldern und das Fürstentum Neuenburg. Den Künsten und Wissenschaften ist er ein großer Förderer. 1694 wird die Universität Halle, 1696 in Berlin die Akademie der Künste und 1701 dort die Preußische Akademie der Wissenschaften auf Rat des nach Berlin gerufenen Leibniz gegründet.

Sein Sohn und Nachfolger **Friedrich Wilhelm I.** (1713–1740) ist der sparsame ›**Soldatenkönig‹,** der **große ›innere König‹** Preußens, der die wirtschaftliche und militärische Grundlage für Preußens Größe legt. Er erweitert das stehende Heer auf 80 000 Mann und begründet die Tradition des Offizierskorps und des pflichtbewußten Beamtentums. Er sammelt im Gegensatz zu den verschuldeten Höfen seiner Zeit einen großen Staatsschatz an. Er läßt im Osten eifrig kolonisieren, gründet Hunderte von Dörfern und siedelt 20 000 wegen ihres evangelischen Glaubens vertriebene Salzburger in Ostpreußen an. Die Üppigkeit des Hofes wird abgeschafft, die Kolonien werden verkauft, die Staatsdomänen neu geordnet. Das Bauernlegen durch Grundbesitzer hört auf. Gewerbe und Industrie werden großzügig gefördert. Als erster Fürst Europas führt er 1717 die **allgemeine Schulpflicht** ein. Rechtschaffen und schlicht regiert er als strenger Landesvater im Gegensatz zu den ichbezogenen Herrschern seiner Zeit. Bei seinem Tod hinterläßt er ein schlagkräftiges Heer, einen großen Staatsschatz, ein mustergültiges Beamtenwesen, ein blühendes Gewerbe- und Ackerbauwesen, das Ethos preußischer Pflichterfüllung. Er hat keinen Krieg geführt.

FRIEDRICH II. DER GROSSE

Mit Friedrich II. besteigt 1740 der Preußenherrscher den Thron, der politisches Genie, höchsten Verstand und aufgeklärte Toleranz mit eisernem Willen verbindet und dadurch Preußen endgültig zur Großmacht entwickelt. Bei Regierungsantritt schafft er die Folter ab und wird als aufgeklärter toleranter Herrscher zum Vorbild seiner Zeit. Heer und Schatz seines Vaters setzt er für seine Politik ein. Im Dezember 1740 marschiert er in Schlesien ein, um gegen die junge Kaiserin **Maria Theresia** gewisse Erbansprüche auf dieses Land durchzusetzen. Nach wechselndem Schlachtenglück kann Friedrich gegen Österreich, das auch von Bayern und Frankreich bedrängt wird, im Frieden 1742 Schlesien behaupten. Auch im **2. Schlesischen Krieg** (1744/45) kann sich Friedrich gegen Österreich durchsetzen und Schlesien behalten. Nun ist Preußen als Großmacht anerkannt und sein Heer gefürchtet. Um dem gegen ihn gerichteten Bündnis Österreichs mit Frankreich, Rußland, Schweden, Sachsen und Bayern zuvorzukommen, fällt Friedrich 1756 in Sachsen ein, dessen Heer nach Kapitulation in das preußische eingegliedert wird. Damit beginnt der **Siebenjährige Krieg** (1756–1763). Preußen muß sich nach allen Seiten verteidigen. Das Jahr 1757 bringt mit der schweren Niederlage von Kolin, der Kapitulation der verbündeten Engländer bei Hannover, dem Sieg der Russen bei Groß-Jägerndorf, einer kurzzeitigen Besetzung Berlins durch die Österreicher eine verzweifelte Lage für den Preußenkönig. Seine Siege über Franzosen und Reichsarmee bei Roßbach mit der Seydlitzschen Reiterei und gegen große Übermacht mit der schiefen Schlachtordnung bei Leuthen zwingen das Schicksal wieder. Noch mehrfach ist in den folgenden Jahren das freie Preußen nur so groß wie das Heerlager des Königs. 1760 wird Berlin noch einmal von Österreichern und Russen besetzt. Das ganze Jahr 1761 kann sich Friedrich nur im befestigten Lager in Schlesien halten. Dann bringt 1762 der Tod der Zarin Elisabeth Frieden. Nach Siegen gegen Österreicher, Franzosen und Reichsheer kann Friedrich im Frieden von Hubertusburg 1763 seine Ländergrenzen einschließlich der Schlesiens wahren. Seine Standfestigkeit hat gesiegt. Unter großen Verlusten hat sich **Preußen als Großmacht** gegen fast ganz Europa behauptet. Der tragische Bruderkrieg hat Deutschland jedoch viel Blut gekostet und fremden Mächten erhebliche Vorteile gebracht. England hat sein Empire in Indien und Nordamerika gegen Frankreich gewaltig vergrößern können.

Im Frieden heilt Friedrich die Wunden seines Landes. Er siedelt über 250 000 Menschen im Osten, vor allem in der Neumark, im Netze- und Wartebruch, an. Die erste polnische Teilung bringt 1772 **Westpreußen** ohne Danzig an Preußen. Industrie und Gewerbe, Rechtspflege und Schulbildung werden verbessert. In Preußen kann jeder nach seiner Façon selig werden. Preußentum im Heer und Beamtendienst verkörpern das Ideal männlicher Tugend. Der König geht als der ›Alte Fritz‹ in Anekdote und Volkssage ein. Er stirbt 1786.

MARIA THERESIA UND JOSEPH II.

Mit **Maria Theresia** (1740–1780) kommt nach Kaiser Karls VI. Tod eine der größten Frauengestalten zur Herrschaft. Sie wird Mutter von 15 Kindern. Sie unterbindet den Einfluß der Kirche auf die Politik. **Ihr Hof wird wieder deutsch,** das Spanische verschwindet. Mit ihrem Kanzler Fürst Kaunitz errichtet sie eine zentrale Verwaltung. Auch Geistliche und der Adel müssen Steuern zahlen. Das Heer wird reformiert, die Volksschule eingeführt. In allen österreichischen Ländern wird **Deutsch die Sprache der Gebildeten,** wird deutsche Kultur bewußt gefördert. Zehntausende reichsdeutscher Bauern werden im Banat angesiedelt. Als 1765 ihr Sohn Joseph, der spätere Kaiser, Mitregent wird, werden die Reformen noch verstärkt.

Jahrelang muß Maria Theresia zunächst im **Erbfolgekrieg** gegen deutsche Fürsten, Frankreich und Spanien ihren Regierungsanspruch aufgrund der Pragmatischen Sanktion mit Mut und Entschlossenheit durchsetzen, auch gegen den in Frankfurt gewählten Gegenkaiser Karl VII. von Bayern (1742–1745). Schlesien geht im Siebenjährigen Krieg endgültig an Preußen verloren. Bei der 1. Polnischen Teilung erhält Österreich 1772 ganz Galizien und die Bukowina und damit rund 3 Millionen fremdvölkische Bewohner, eine neue Belastung für den Vielvölkerstaat. Der Versuch, im bayrischen Erb-

77

folgestreit 1777/78 Bayern an Habsburg zu bringen, scheitert am Widerstand Preußens, Sachsens und Rußlands ohne große Kampfhandlungen.

Maria Theresias Sohn **Joseph II., der ›deutsche Kaiser‹**, setzt 1780 ihr Werk fort. Neben Friedrich dem Großen, seinem Vorbild, ist er der bedeutendste Herrscher des aufgeklärten Absolutismus. Er **reformiert** oft übereilt. In Österreich werden die geistlichen Besitztümer säkularisiert, über 700 beschauliche Klöster werden aufgelöst, aus ihrem Vermögen ein Religionsfonds errichtet. Die Ordensgeistlichen dürfen mit Oberen außerhalb des Landes nicht mehr verkehren, kirchliche Geldsendungen nach Rom werden verboten. Die einheimischen Bischöfe erhalten größere Befugnisse. Die Geistlichen müssen staatliche Seminare besuchen. Das jesuitische Collegium germanicum in Rom darf von Österreichern nicht mehr besucht werden. Selbst ein Besuch des Papstes in Wien ändert daran nichts. Die Stände werden weiter entmachtet. Die Rechtsprechung wird gestrafft, die Todesstrafe abgeschafft. Ein Allgemeines Bürgerliches Gesetzbuch erscheint. Die Ehe wird als bürgerlicher Vertrag dem Einfluß der Kirche entzogen. Die Zünfte werden aufgehoben, die Industrie gefördert. Das Burgtheater in Wien wird Nationaltheater und für die deutschen Klassiker geöffnet. Die Leibeigenschaft wird aufgehoben. Deutsch wird als Amtssprache in allen österreichischen Landen eingeführt, was zu Widerstand in Ungarn führt. Im Toleranzpatent von 1781 wird Protestanten die private Ausübung ihres Glaubens gewährt. Juden erhalten die Zulassung zu Ämtern, Schulen und Berufen. Außenpolitische Mißerfolge bringen eine schwere Lage, in der der Kaiser, ziemlich verzweifelt, 1790 stirbt. Zu schnell hat er Reformen einführen wollen, die nun teilweise wieder aufgehoben werden.

DEUTSCHLAND IM ZEITALTER DER AUFKLÄRUNG

Das 18. Jahrhundert wird zunächst von der Aufklärung geprägt, die Einsicht und Glauben allein auf Erfahrung und Verstand gründet. Hauptvertreter dieses einseitigen Rationalismus sind Franzosen und Engländer. In Deutschland entstehen früh Gegenkräfte gegen die lebensfremde Übersteigerung des Verstandeskultes durch Rückgriff auf die Antike, Neuentdeckung des Mittelalters, Erwachen des nationalen Bewußtseins und Weckung des dichterischen Gefühls. Auf kulturellem Gebiet erlebt Deutschland in wenigen Jahrzehnten eine Genieausschüttung einmaligen Ausmaßes, nur mit dem klassischen Griechenland vergleichbar.

In der Philosophie begründet **Immanuel Kant** (1724–1804) in Königsberg den deutschen Idealismus. In seinen großen Kritiken (*Kritik der reinen Vernunft* 1781, *Kritik der praktischen Vernunft* 1788, *Kritik der Urteilskraft* 1790) überwindet er die Aufklärung, zeigt die Irrtümer rein sinnlicher Erfahrung, begründet die Erblichkeit allgemeiner Vorstellungen und stellt im kategorischen Imperativ die Pflichterfüllung in den Mittelpunkt der Ethik. Er liefert damit die Philosophie zum Preußentum und in seiner Erkenntnistheorie die Voraussetzung der modernen Naturwissenschaften. In **Fichtes** (1762–1814) Philosophie wird der Idealismus weitergeführt.

J. J. Winckelmann (1717–1768) macht die Antike wieder bekannt und begründet die Kunstwissenschaft. **Friedrich Gottlob Klopstock** (1724–1803) bringt mit dem *Messias* 1748 die deutsche Sprache wieder zur Geltung und weckt mit seinen Oden und Bardengesängen eine vaterländische Strömung. **Gotthold Ephraim Lessing** (1729–1781) beseitigt durch seine Kritiken den französischen Einfluß im Theater, begründet das bühnengerechte deutsche Schauspiel und vertritt allgemeine Toleranz (*Nathan der Weise*). Der junge Goethe und Schiller führen das Zeitalter des ›Sturmes und Dranges‹ in die Dichtung ein. Ewald von Kleist, Wieland, Hamann, Bürger, Schubart, Claudius, Voß und Hölty schaffen weitere bedeutende Dichtungen. In Osnabrück schreibt **Justus Möser** (1720–1794) seine *Patriotischen Phantasien*. Sage und Kunst des Mittelalters werden neu gewürdigt, das *Nibelungenlied* wiedergefunden, die geistige Verwandtschaft zu Shakespeare entdeckt.

In der Architektur herrscht der Stil des Rokoko. **Knobelsdorff** (1699–1753) baut in Potsdam Schloß Sanssouci für Friedrich den Großen, Karl von Gontard das Schloß in Bayreuth.

Um 1763 regieren gleichzeitig in Deutschland Maria Theresia als Kaiserin, in Preußen Friedrich der Große, in England der deutsche König Georg III. von Hannover, in Rußland die deutsche Zarin Katharina II. von Anhalt-Zerbst und in Warschau der deutsche König

August III. von Sachsen. Da sie meist nur dynastisch und nicht völkisch denken, erwächst daraus dem Reich kein Vorteil.

KLASSIK UND ROMANTIK

Nach dem Sturm und Drang entsteht aufbauend auf Winckelmanns Betrachtung der Antike durch Goethes Italienreise (1786–88) und Schillers Hinwendung zur Antike die **deutsche Klassik** in der Literatur. Sie ist vor allem die Dichtung **Friedrich von Schillers** (1759–1805) und **Johann Wolfgang von Goethes** (1749–1832). Hinzugerechnet werden noch die Werke **Friedrich Hölderlins** (1770–1843) und **Heinrich von Kleists** (1777–1811).

Kennzeichnend sind vollendetes Maß, edle Form und höchste Menschlichkeit; behandelt werden geschichtliche, vorwiegend antike Themen. Schiller entwickelt die Ethik Kants weiter und schreibt bedeutende Geschichtswerke.

Die klassische Musik erreicht Höhepunkte durch **Joseph Haydn** (1732–1809), **Wolfgang Amadeus Mozart** (1756–1791) und **Ludwig van Beethoven** (1170–1827).

In der schon gleichzeitig mit der Klassik auftretenden **Romantik** werden die Bändigung des Gefühls, die vollendete Form, die Herrschaft der ordnenden Vernunft zugunsten des Überwiegens der Gefühle und Leidenschaften, der Bereiche des Unbewußten, verlassen. Die Verehrung der Antike wird durch die Begeisterung für die germanisch-christliche Welt ersetzt. Mittelalter und Vorgeschichte rükken in den Vordergrund, der Wert der altdeutschen Dichtung wird erkannt. Der Wald und die mittelalterliche Stadt werden ›entdeckt‹. **Johann Gottfried Herder** (1744–1803) erkennt das Volk als organische, geschichtlich gewachsene Größe. Er entdeckt und sammelt Volkslieder.

Ihm folgend wendet sich die Romantik gegen den rationalen Begriff des Staates als einer Summe der durch einen Gesellschaftsvertrag verbundenen Bürger und setzt sich für die durch Abkunft, Sprache und gemeinsame Kultur verbundene **Lebensgemeinschaft des Volkes** ein. Die Romantik überwindet damit die Aufklärung und leitet in Deutschland eine bedeutende geistige Wende ein. Sie vertieft den Reichsgedanken und weckt echte Vaterlandsliebe. Der romantische Volksbegriff trägt wesentlich zum erwachenden Nationalismus bei.

Fichtes (1762–1814) Philosophie der schöpferischen Pflicht und später **Friedrich Wilhelm Schellings** (1775–1854) Universalismus beeinflussen die Romantiker. Zur romantischen Dichtung zählen die Brüder Schlegel, Hardenberg-Novalis, Tieck, Wackenroder. Besonders stark von Herder und seinem Volks- und Sprachbegriff sind die jüngeren Romantiker geprägt: Clemens von Brentano, Achim von Arnim, **Jakob und Wilhelm Grimm,** die die *Deutschen Volks- und Hausmärchen* sammeln, Sagenbücher herausgeben und die Wissenschaft der Germanistik begründen. Heinrich von Kleists Geschichtsdramen gehören zur nationalen Antwort der Romantik auf den Zusammenbruch des Kaiserreiches und Preußens. Höhepunkte romantischer Musik sind einige Werke Ludwig van Beethovens, Carl Maria von Webers (1786–1826) *Freischütz* und die Lieder Franz Schuberts (1797–1828). Als zunächst kennzeichnend deutsche Geisteshaltungen und Kunststile wirken Klassik und Romantik sich auch auf die Nachbarvölker aus.

Das 19. Jahrhundert

AUSWIRKUNGEN DER FRANZÖSISCHEN REVOLUTION

Im Gefolge der Revolution von 1789 wird in Paris eine neue Verfassung angenommen (1790), der Adel abgeschafft, König Ludwig XVI. 1793 hingerichtet und die Republik ausgerufen. Die Ideen der **Grundrechte des einzelnen, der Volkssouveränität, der Gewaltenteilung, des Volksheeres, des Gesellschaftsvertrages als Staatsgrundlage** finden auch in Deutschland schnell Verbreitung. Die anfängliche Begeisterung in Deutschland für die Revolution wird jedoch durch das Schreckensregiment der Jakobiner in Paris und die anschließende Diktatur Napoleons stark gedämpft. Die aufgeklärten Absolutisten Friedrich II. in Preußen und Joseph II. in Österreich haben neben einer Reihe kleinerer Fürsten in Deutschland bereits sehr viel von dem in Frankreich angesammelten sozialen Sprengstoff beseitigt. Leider haben die beiden bedeutenden Herrscher keine entsprechenden Nachfolger, die diese Reformen weiterführen.

Als Frankreich 1792 Österreich wieder den Krieg erklärt, beginnen erneut **zwei Jahrzehnte französischer Angriffe** auf Deutschland. Preußen stellt sich an Österreichs Seite. Die Franzosen fallen in Süddeutschland ein. Preußen scheidet 1795 aus dem Krieg aus und überläßt Frankreich das linke Rheinufer. Österreich muß 1797 nach Siegen Napoleons in Oberitalien Frieden schließen und die Abtretung der linksrheinischen Gebiete anerkennen. Kaiser Franz II. (1792–1806) versucht 1799, mit England und Rußland verbündet, Frankreich zu schlagen, muß jedoch nach Niederlagen im **Frieden von Luneville** 1801 erneut das linke Rheinufer abtreten und der **Säkularisierung** Deutschlands unter französischer und russischer Lenkung zustimmen. Der dazu eingesetzte **Reichsdeputationshauptschluß** beseitigt 1803 auf Befehl Napoleons 112 deutsche Einzelterritorien, darunter fast alle geistlichen Fürstentümer, und 45 von 51 freien Reichsstädten. Preußen, Bayern, Baden und Württemberg erhalten als Entschädigung für linksrheinische Verluste den Hauptanteil. 1804 macht sich Napoleon zum Kaiser der Franzosen, erscheint in Aachen und hält umgeben von deutschen Fürsten im nun französischen Mainz Hof.

Kaiser Franz II. versucht 1805 noch einmal, gegen Napoleon zu kämpfen, muß aber nach der Niederlage von **Austerlitz** einen ver-

lustreichen Frieden schließen. 1806 bilden 16 Fürsten aus Süd-
west-, West- und Mitteldeutschland den **Rheinbund** und geloben
Napoleon Heeresfolge. Wegen dieses Reichsverrats legt Kaiser Franz
II. am 6. 8. 1806 die **Krone des Heiligen Römischen Reiches
Deutscher Nation** nieder, das mehr als 800 Jahre überdauerte, und
nennt sich fortan Kaiser von Österreich. Der bis dahin neutrale Preußenkönig versucht nun, gestützt auf Rußland, den Kampf gegen Napoleon, muß jedoch nach den Niederlagen von **Jena** und **Auerstädt**
(14. 10. 1806) im Frieden von Tilsit 1807 alle Gebiete westlich der
Elbe abtreten. Nur die Festungen **Kolberg** (unter **Gneisenau** und
Nettelbeck) und **Graudenz** können sich erfolgreich bis zum Frie-
densschluß gegen die Franzosen verteidigen. Napoleon herrscht in
Festlandseuropa.

DEUTSCHLAND
UNTER NAPOLEONS BESETZUNG

Verrat und Uneinigkeit der deutschen Fürsten haben zur Zerstörung
und Besetzung des Reiches durch Napoleon geführt. Beim Fürstentag in Erfurt 1808 huldigen ihm die deutschen Fürsten. Preußens
Gebiete westlich der Elbe bilden mit Hessen und Braunschweig das
Königreich Westfalen unter Napoleons Bruder Jérome, der als ›König Lustig‹ in Kassel residiert. Norddeutschland mit Hauptstadt
Hamburg wird eine französische Provinz zur besseren Durchführung der Kontinentalsperre gegen England. Das Restpreußen muß
eine starke französische Besatzung ertragen, große Gelder aufbrin-
gen und sein Heer auf 42 000 Mann abbauen. Bestrebungen gegen
Napoleon werden scharf verfolgt. Am 26. 8. 1806 wird in Braunau
am Inn der Buchhändler **Palm** wegen der von ihm verlegten Schrift
Deutschland in seiner tiefsten Erniedrigung erschossen.
    Die bisher führende Schicht in Deutschland hat versagt. Der zur
Erneuerung notwendigen geistigen Neuordnung haben der deutsche
Idealismus der Philosophen, der Volksbegriff der Romantik und die
vaterländische Besinnung der Dichter und Denker bereits vorgear-
beitet. Nun geht die geistige Erneuerung im wesentlichen von Preußen aus. Gleich nach dem Frieden von Tilsit beruft **König Fried-**

rich Wilhelm III. (1797–1840) von Preußen 1807 den **Freiherrn vom und zum Stein** aus altem Reichsrittergeschlecht zur Einleitung von Reformen. Noch 1807 wird die Leibeigenschaft der Bauern aufgehoben, die Berufsfreiheit eingeführt. 1808 erhalten die Städte Selbstverwaltung, Staats- und Provinzialverwaltung werden gestrafft. Der Weg vom Obrigkeits- zum Volksstaat wird damit eingeleitet, aus Untertanen werden in freier Pflicht stehende Bürger. 1808 muß der Preußenkönig auf Befehl Napoleons Stein entlassen, der geächtet wird. Sein Nachfolger **Hardenberg** verwässert die Reformen zum Teil. **Wilhelm von Humboldt** erneuert das Bildungswesen durch Verbesserung der Volksschule, Einführung des humanistischen Gymnasiums und Gründung der Universität Berlin 1810. Das Heer wird durch **Scharnhorst**, **Gneisenau** und **Clausewitz** reformiert. Statt angeworbener Söldner dürfen nur noch Preußen dienen; für die Beförderung wird Tüchtigkeit statt Geburtsstand der Maßstab; Vaterlandsliebe soll Drill ersetzen. **Turnvater Jahn** beginnt die turnerische Ertüchtigung der Jugend auf der Hasenheide in Berlin in Verbindung mit vaterländischer Gesinnung. Der Dichter **Ernst Moritz Arndt** besingt die Vaterlandsliebe. In Berlin hält **Fichte** 1807/08 als Vorlesungen seine *Reden an die deutsche Nation*. Mit ihm lehren an der neugegründeten Universität in patriotischem Sinne Schleiermacher, Savigny und Niebuhr. Der in Ostpreußen gegründete Tugendbund wird 1809 verboten und versucht dann im geheimen, eine Erhebung vorzubereiten. Schillers Dramen mit ihrem Ruf nach Freiheit und Einheit werden als zeitgemäß erkannt.

In Österreich führt **Graf Stadion** eine Verwaltungsreform durch, und **Erzherzog Karl** bildet das Heer zu einem Volksheer um.

ERHEBUNG GEGEN NAPOLEON

Österreich beginnt 1809 den Kampf gegen Napoleon. Erzherzog Karl ruft die ganze deutsche Nation dazu auf. Doch nur die Tiroler erheben sich unter **Andreas Hofer** und in Norddeutschland **Major Schill** mit seiner Freischar. Die Österreicher siegen bei **Aspern**, verlieren jedoch dann bei **Wagram** und müssen den sehr verlustreichen Frieden von Schönbrunn schließen. Die Tiroler kämpfen weiter, ihr Anführer Andreas Hofer wird durch Verrat gefangen und am 20. 2. 1810 in Mantua erschossen. Schill fällt an der Spitze seiner Freischar bei Stralsund, seine Offiziere werden gefangen und in Wesel erschossen. Napoleon erscheint unbesiegbar. Die nationale Erbitterung in Deutschland wächst.

Nach dem Fürstentag von Dresden bricht **Napoleon** im Juni 1812 mit 500 000 Mann, darunter rund 200 000 Deutschen, **gegen Rußland** auf. Die Russen vermeiden entscheidende Schlachten und ziehen sich zurück. Napoleon kann in Moskau einziehen, das kurz darauf von den Russen angezündet wird. Beim Rückzug Napoleons im November 1812 geht der größte Teil des Heeres in der Kälte unter. Napoleon eilt ohne Heer durch Deutschland nach Paris, um ein neues Heer aufzustellen.

Der Anführer der Preußen in Napoleons Rußlandheer, **General Yorck,** schließt am 30. 12. 1812 bei **Tauroggen** eigenmächtig ein Abkommen mit den Russen, vermittelt durch Stein, der sich wie Gneisenau, Clausewitz, Arndt und andere Preußen seit einiger Zeit in Petersburg beim Zaren aufhält, um von dort die Befreiung Preußens und Deutschlands einzuleiten. Der preußische König geht vor den Franzosen nach Breslau, wo er am 12. 2. 1813 die Mobilmachung erklärt, am 28. 2. mit Rußland ein Bündnis schließt und am 16. 3. Frankreich den Krieg erklärt. Gleichzeitig verkündet er die allgemeine Wehrpflicht, erläßt den *Aufruf an mein Volk* und stiftet das Eiserne Kreuz. Landsturm und Landwehr werden aufgeboten. In großartiger Weise erhebt sich Preußen, kommen Freiwillige, wird gespendet. Freikorps wie das des Majors von Lützow bilden sich. Körner, Arndt und Schenkendorf rufen in hinreißenden Liedern zum Kampf gegen Napoleon. Der seit 1809 als Nachfolger des nationalen Stadion in Wien tätige Kanzler Metternich unterdrückt den Plan des Erzherzogs Johann von einem Alpenbund der Österreicher und Schweizer gegen Napoleon. Nur Mecklenburg schließt sich an Preußen an. Im Mai 1813 erscheint Napoleon mit 500 000 Mann in Sachsen und schlägt Preußen und Russen. Waffenstillstand und Verhandlungen retten die Preußen, die einer weiteren Schlacht ausweichen. Nach Beitritt Österreichs zum Bund Preußen-Rußland wird Napoleon in der dreitägigen **Völkerschlacht bei Leipzig** am 16.–19. 10. 1813 geschlagen und flieht über den Rhein. Die Rheinbundfürsten fallen von ihm ab. Die Preußen unter Blücher und die Österreicher unter Schwarzenberg schlagen Napoleon auch in Frankreich. Er muß im Juni 1814 abdanken und nach **Elba** in die Verbannung gehen. Im Frieden von Paris behält Frankreich die Saar und Landau, das Elsaß und Lothringen.

DER WIENER KONGRESS UND DIE HEILIGE ALLIANZ

Im **Wiener Kongreß** von Oktober 1814 bis Juni 1815 wird unter Metternichs, des österreichischen Kanzlers, Leitung versucht, das alte Europa aus der Zeit vor der Revolution wiederherzustellen. Napoleons Rückkehr von Elba am 1. 3. 1815, seine Anfangssiege bis zur vernichtenden Niederlage bei **Waterloo** am 18. 6. 1815 durch die Preußen unter **Blücher**, dem ›Marschall Vorwärts‹, und Gneisenau sowie die Engländer unter **Wellington** und seine endgültige Verbannung auf die Atlantikinsel **St. Helena** im August 1815 beschleunigen die Wiener Verhandlungen. Ergebnis ist die Restauration des alten Europas: Die Bourbonen (Ludwig XVIII.) kehren auf Frankreichs Thron zurück; Frankreich behält Elsaß und Lothringen; Österreich verzichtet auf seine west- und südwestdeutschen Besitzungen und erhält dafür die Lombardei und Illyrien; es verliert somit weiter an Einfluß in Deutschland; Preußen bekommt das Saarland, die Rheinprovinz und Westfalen, dazu die Provinz Sachsen, Vorpommern mit Rügen und Danzig und behält Westpreußen und Posen. Durch Hessen und Hannover getrennt, erstreckt sich Preußen nun durch ganz Norddeutschland von der Saar bis an die Memel. Es übernimmt an Stelle Österreichs ›Die Wacht am Rhein‹. Mit den drei freien Hansestädten Hamburg, Lübeck und Bremen und der freien Stadt Frankfurt gibt es noch 39 souveräne deutsche Staaten. **Ein loser deutscher Bund entsteht,** Österreich soll das Präsidium im Bundestag in Frankfurt führen. Der Bund soll die Sicherheit Deutschlands nach außen und die Unabhängigkeit aller einzelnen deutschen Staaten gewährleisten. Die Bemühungen des Freiherrn vom Stein und kleinerer Fürsten nach Erneuerung des deutschen Kaisertums unter den Habsburgern oder den Preußen gelingen nicht.

Noch einmal hat damit das alte dynastische Prinzip gesiegt. Auf Völkergrenzen ist keine Rücksicht genommen worden. Österreich hat seinen nichtdeutschen Anteil beträchtlich erhöht, Rußland hat ganz Polen, außer Galizien und den preußischen Teilen Polens, und dazu Finnland erhalten.

Am 26. 9. 1815 schließen der Kaiser von Österreich, der russische Zar und der preußische König die ›**Heilige Allianz**‹: sie wollen in christlichem Sinne ihre Länder verwalten und die Monarchien erhalten, republikanische und demokratische Bestrebungen möglichst ausschalten.

Durch Metternichs Staatskunst wird die Politik der Heiligen Allianz für ganz Kontinentaleuropa bestimmend und stabilisierend. In Konferenzen der großen europäischen Staaten (Aachen 1818, Troppau 1820, Laibach, Verona) werden unter Metternichs Leitung entstandene Konflikte entschärft, Aufstände gegen die Dynastien durch Verbündung niedergeschlagen. Bis 1848 kann Metternich sein System gegen alle Freiheitsbewegungen in den verschiedenen Völkern Europas erhalten. Dann ist der nationale und freiheitliche Druck zu groß geworden, und in der Revolution von 1848 brechen sich überall freiheitlichere Regungen Bahn. Metternich muß abtreten und einem neuen Zeitalter Platz machen.

UNTERDRÜCKUNG UND DEMAGOGENVERFOLGUNG

Die von Preußen ausgehende geistige Erneuerung Deutschlands, verstärkt durch die Steinschen, Humboldtschen und Stadionschen Reformen, hat ganz Deutschland ergriffen und im wesentlichen die Erhebung gegen Napoleon getragen. Am 12. 6. 1815 wird in Jena die **deutsche Burschenschaft** mit dem Wahlspruch »Freiheit, Ehre, Vaterland« gegründet. Sie greift schnell vor allem auf die protestantischen Universitäten über und umfaßt viele Freikorpskämpfer. Auf dem Wartburgfest der Burschenschaften vom 18. 10. 1817 wird die Einheit und Freiheit gefordert und Metternichs reaktionäre Politik abgelehnt. Reaktionäre und unsittliche Schriften werden verbrannt. Als der Student Sand aus dem Jenaer Kreis der ›Unbedingten‹ den Schriftsteller Kotzebue, einen Verspötter der Burschenschaften, ermordet hat, beschließen die größeren deutschen Staaten in den **Karls-**

bader Beschlüssen von 1819 die Überwachung der Universitäten, die Verfolgung der Burschenschaften und eine allgemeine Pressezensur. Eine **Zentraluntersuchungskommission** des Deutschen Bundes verfolgt alle freiheitlichen Bestrebungen: Arndt verliert seine Professur, Jahn wird in Haft genommen, Fritz Reuter, erst als Burschenschafter zum Tode verurteilt, kommt für sieben Jahre in Festungshaft, Steins Briefwechsel wird überwacht. Das vor allem in Preußen harte Polizeiregime wird erst 1829 mit der Auflösung der Kommission gemildert. Zahlreiche Patrioten wandern nach Amerika aus (Friedrich List), ein Teil von ihnen kehrt nach 1848 zurück.

1819 löst sich die Burschenschaft auf, im geheimen lebt sie weiter. Bedrückt und verängstigt von dem strengen Polizei- und Überwachungswesen ziehen die deutschen Bürger sich in die privaten Kreise zurück. Im von Österreich ausgehenden **Biedermeier** findet diese Haltung ihren Ausdruck. Ein enger Länderpatriotismus und Provinzialismus wachsen heran.

Auf wirtschaftlichem Gebiet bereiten Entwicklungen eine Einigung Deutschlands vor. **Friedrich Lists** Forderung nach einem **deutschen Zollbund**, dem auch Ungarn, die Schweiz, Dänemark, Holland und Belgien angehören sollen und der Mitteleuropa gegen die damals überlegene britische Industrie schützen soll, scheitert zunächst an Metternich. Der Gedanke wird dann, aufbauend auf dem preußischen Zollgesetz von 1818, allmählich von Preußen aus im deutschen Zollverein Wirklichkeit, dem ab 1834 die meisten deutschen Länder, allerdings ohne Österreich, angehören. Bremen und Hamburg bleiben zollmäßig noch bis 1888 selbständig.

Lists zweite große Tat ist die Förderung des **Eisenbahnbaues**. 1835 wird die erste Dampfeisenbahn Deutschlands zwischen Nürnberg und Fürth eröffnet. So lassen Wirtschaft und Verkehrstechnik die deutsche Kleinstaaterei immer unzeitgemäßer erscheinen.

DEUTSCHLAND IM VORMÄRZ 1830–1848

Die Julirevolution stürzt 1830 in Frankreich den König und bringt eine Nebenlinie der Bourbonen zur Herrschaft. Die Beschneidung der Monarchie wirkt nach Deutschland hinein. In **Hannover, Braunschweig, Sachsen** und **Kurhessen** werden, teilweise nach Aufständen, **Verfassungen** vom Herrscher bewilligt. Auf dem **Hambacher Fest** werden am 27. 5. 1832 Forderungen nach einer Nationaldemokratie erhoben und freiheitliche Reden gehalten. Der Deutsche Bund setzt 1832 eine Kommission zur Überwachung der Landtage und Universitäten, 1833 erneut eine Zentraluntersuchungskommission ein, die bis 1842 unterdrückend wirkt. Volksversammlungen und das Zeigen anderer Bänder und Farben als der Landesfarben werden verboten. Der König von Hannover hebt 1837 die 1833 erlassene Verfassung wieder auf, wogegen sich der Protest der ›Göttinger Sieben‹ Professoren richtet, unter ihnen die Gebrüder Grimm und Dahlmann, die abgesetzt und teilweise des Landes verwiesen werden. Der von den Verfassungsstaaten angerufene Bundestag schreitet gegen Hannover wegen des Verfassungsbruches nicht ein.

Als in Preußen der geistvolle, romantische **Friedrich Wilhelm IV.** (1840–1861) König wird, werden die inhaftierten Burschenschafter befreit, auch Jahn und Arndt wieder eingesetzt. Aus den Provinziallandtagen gebildete ›Vereinigte Ausschüsse‹ werden bewilligt, der Vereinigte Landtag wird am 3. 2. 1847 eingerichtet. Der König will das ›alte deutsche genossenschaftlich-ständische Prinzip‹ wieder einführen. Obwohl den Polen in der Provinz Posen Zugeständnisse für ihre Sprache gemacht werden, kommt es dort zu Verschwörungen 1846, die sich bis zum Revolutionsjahr 1848 fortsetzen.

Die politisch nach außen ruhige Zeit zwischen dem Wiener Kongreß und 1848 bringt in Deutschland eine **reiche kulturelle Nachblüte zur Klassik und Romantik. Hegel** (1770–1831) stellt als letzter der deutschen Idealisten ein geschlossenes philosophisches System auf, das große Wirkung ausübt. Danach ist der Geist das Wirkende und Wichtigste. Seine dialektische Methode wird später von Marx übernommen. Mit seiner Staatslehre untermauert Hegel die bestehenden Verhältnisse aufgeklärter Monarchien. Linkshegelianer wie Strauß, Feuerbach, Bauer und Marx entwickeln den Materialismus. Die Lehre des pessimistischen Philosophen **Arthur Schopenhauer** (1788–1860) wird erst zum Jahrhundertende wirksam. Die **Romantik** vollendet sich mit Eichendorff, E.T.A. Hoffmann und Uhland. Realistischer schreiben und dichten Annette von Droste-Hülshoff und Mörike, Stifter und Grillparzer. Im ›Jungen Deutschland‹ kommen um Heine, Gutzkow, Freiligrath und Grün kritischere, politische Töne in die Dichtung, ebenso bei Hoffmann von Fallersleben, der 1841 das Deutschlandlied auf Helgoland dichtet. In der Musik herrschen die romantischen Lieder Franz Schuberts und Robert Schumanns. Die **Naturwissenschaften** beginnen zu blühen und weisen neben umfassend arbeitenden Forschern wie Alexander von Humboldt mehr und mehr Spezialisten auf. Die große Zeit der **Geschichtswissenschaft** beginnt mit Niebuhr, Ranke und Schlosser.

DAS REVOLUTIONSJAHR 1848

Am 24. 2. 1848 beseitigt in Frankreich eine Revolution das Königtum. Anschließende Aufstände im österreichischen Oberitalien und Ungarn führen zum Sturz des österreichischen Kanzlers **Metternich** am 13. 3. 1848. An Deutschlands Höfen wird, vor allem von den Brüdern von Gagern, für einen deutschen Bundesstaat unter Preußens Führung geworben. König Friedrich Wilhelm IV. von Preußen richtet eine Proklamation an sein Volk und die deutsche Nation, daß er bereit sei, während der Gefahr die Führung in Deutschland zu übernehmen (»Preußen geht fortan in Deutschland auf«). Nach Errichtung von Barrikaden durch Aufständische in Berlin gibt der König nach, zieht das Militär aus der Stadt und trägt beim Umritt die schwarz-rot-goldenen Farben, die der Deutsche Bundestag am 3. 3. 1848 zu Farben des Deutschen Bundes bestimmt hat.

Ein mit Zustimmung des Deutschen Bundestages in Frankfurt versammeltes **Vorparlament** beschließt die Durchführung allgemeiner und geheimer Wahlen zu einer deutschen Nationalversammlung und die Aufnahme Schleswigs, Westpreußens und Ostpreußens in den Deutschen Bund. Am 18. 5. 1848 tritt in der **Frankfurter Paulskirche** die gewählte **Nationalversammlung** zur Ausarbeitung einer Verfassung für einen Staat aller Deutschen zusammen. Unter den fast 600 Abgeordneten sind berühmte Männer wie Arndt, Uhland, Jakob Grimm, Droysen, Dahlmann. Präsident wird Heinrich von Gagern. Als Reichsverweser wird der nationalgesinnte Erzherzog Johann von Österreich gewählt, der ein Reichskabinett unter Fürst von Leiningen bildet. Am 21. 12. 1848 werden die ›Grundrechte des deutschen Volkes‹ beschlossen.

Nachdem zunächst alle Abgeordneten für die **großdeutsche Lösung** (Deutschland mit mindestens den deutschen Teilen Österreichs) eingetreten sind, setzt sich wegen Österreichs starrer Haltung, seinen ganzen Besitz, auch den fremdvölkischen Anteil, zusammenzuhalten und ins Reich einzubringen, langsam die **kleindeutsche Lösung** durch (Deutschland ohne Österreich unter Preußens Führung). Andere Zwischenlösungen scheitern. Am 28. 3. 1849 wird die beschlossene Reichsverfassung verkündet: die kleindeutsche Lösung mit erblichem Kaisertum, König Friedrich Wilhelm IV. von Preußen wird zum deutschen Kaiser gewählt. Doch dieser lehnt die Krone aus den Händen der Nationalversammlung ab.

Damit sind die Nationalversammlung und die parlamentarische 1848er Bewegung gescheitert. Österreich, später auch Preußen, erklärt die Mandate der Abgeordneten für erloschen. Am 30. 5. 1849 verlegt das **Rumpfparlament** seinen Sitz nach Stuttgart, wo ihm am 18. 6. 1849 weitere Sitzungen von der württembergischen Regierung verboten werden. Es löst sich daraufhin auf. Der Versuch eines nationalen und parlamentarischen Deutschlands aller Deutschen ist vorerst gescheitert. Erst Bismarck gelingt später die Einigung.

PREUSSENS UND ÖSTERREICHS RINGEN UM DIE VORHERRSCHAFT

In Preußen tritt 1848 nach den kurzen Berliner Wirren nur noch in Posen durch die Erhebung der Polen eine revolutionäre Bewegung auf. Die in Berlin am 22. 5. 1848 zusammengetretene preußische Nationalversammlung wird vom König nach Brandenburg verlegt und im Dezember aufgelöst. Eine Verfassung und liberale Reformen werden vom König erlassen. Preußische Truppen werfen Unruhen in Baden, Sachsen und der Pfalz im Mai 1849 nieder.

In Österreich finden größere **Aufstände** 1848 in **Wien, Ungarn** und **Oberitalien** statt, die nur mit Mühe und russischer Hilfe militärisch niedergeschlagen werden können. Im Mai und erneut im Oktober 1848 muß der kaiserliche Hof aus Wien flüchten, bis die Stadt wieder erobert wird. Am 2. 12. 1848 dankt der regierungsunfähige Kaiser Ferdinand (1835–1848) zugunsten seines 18jährigen Neffen **Franz-Joseph** (1848–1916) ab. Der österreichische Reichstag, der gerade eine bessere Abgrenzung der Nationalitäten erarbeitet hat, wird aufgelöst und am 4. 3. 1849 eine neue Gesamtstaatsverfassung erlassen.

Verschiedene Anläufe, die deutsche Frage zu lösen (Deutsche Union unter Preußen; Dreikönigsbündnis Preußen, Sachsen, Hannover; Vierkönigsbündnis Bayern, Hannover, Sachsen, Württemberg; ›Interimslösung‹ mit Österreich) führen mehrfach bis an den Rand eines deutschen Bruderkrieges mit Eingreifen des Bundesheeres. Nach Einwirken des Zaren kommt in **Olmütz** am 29. 11. 1850 durch Preußens Nachgeben ein Ausgleich zwischen Preußen und Österreich zustande. Darin vorgesehene Konferenzen zur Reform der Bundesverfassung führen nur zur Wiedereinsetzung des alten Bundestages, in dem ab 1852 **Otto von Bismarck** Preußen vertritt und dessen Einfluß zu verstärken sucht. Gegen Österreichs Bestreben, mit Süddeutschland einen Zollbund zu schließen, gelingt es Preußen, den **Zollverein** aller deutschen Staaten ohne Österreich unter seiner Führung wiederherzustellen. Daraufhin schließt Österreich 1853 mit Preußen einen Handelsvertrag, zu dessen Abschluß Kaiser Franz-Joseph persönlich nach Berlin kommt.

Im Krieg Rußlands gegen die Türkei (1853–1856) verscherzt sich Österreich Rußlands Freundschaft und dann die der Westmächte, während Preußen klug neutral bleibt. Im Krieg gegen Sardinien und Frankreich erhofft Österreich 1859 vergeblich preußische und deutsche Hilfe, verliert entscheidende Schlachten und muß die Lombardei abtreten. Auch das stärkt in Deutschland die kleindeutschen Bestrebungen zugunsten Preußens. Dort führt seit 1857 Prinz Wilhelm die Regierung als Regent für den geistig erkrankten König, nach dessen Tod 1861 als König. Als das preußische Parlament 1862 die Gelder für die Heeresreform des Königs und des Kriegsministers Roon verweigert, beruft der König am 23. 9. 1862 **Otto von Bismarck,** vorher Gesandter Preußens in Rußland und Paris, an die Regierungsspitze. Bismarck weicht im **Verfassungskonflikt** nicht zurück, regiert gegen das Parlament und bestärkt auch den König, nicht nachzugeben. Auf Bismarcks Rat bleibt Preußen dem Frankfurter Fürstentag 1863 fern, auf dem Kaiser Franz-Joseph eine Scheinreform des Deutschen Bundes in großdeutscher Richtung anzuregen versucht.

DIE KRIEGE *1864* UND *1866*

Als der neue dänische König Christian IX. 1863 **Schleswig** nach Dänemark einverleiben will, erhebt sich dagegen eine nationale Welle in ganz Deutschland. Der Deutsche Bund beschließt ein gemeinsames **Vorgehen gegen Dänemark,** Preußen und Österreich verbünden sich dazu noch besonders. Nach Siegen beider (Erstürmung der Düppeler Schanzen am 18. 4. 1864) muß Dänemark im Wiener Frieden die Ansprüche auf die Herzogtümer Schleswig und Holstein aufgeben. Bei der Neuregelung und Verwaltung der Herzogtümer kommt es zu Spannungen zwischen Österreich und Preußen. Bismarck kann sich dabei der Freundschaft Rußlands, des Wohlwollens Frankreichs und des Wunsches Italiens sicher sein, Venetien von Österreich zu erobern. Als Österreich den Einsatz des Bundesheeres gegen Preußen beantragt und durchsetzt, bricht am 11. 6. 1866 der Krieg aus. Nach mehreren einzelnen Siegen schlagen die drei vereinigten preußischen Armeen unter Moltke bei **Königgrätz** am 3. 7. 1866 die vereinigten Österreicher und Sachsen vernichtend, während Österreich in Italien siegreich bleibt. Im Vorfrieden von Nikolsburg am 26. 7. 1866 und im Frieden von Prag am 23. 8. 1866 setzt Bismarck gegen seinen König und die preußischen Militärs sehr günstige Bedingungen für Österreich durch, um Preußen für die Zukunft die Freundschaft Österreichs zu gewinnen. Dafür stimmt Österreich zu, daß die Gebiete seiner Verbündeten Hannover, Hessen-Kassel, Nassau und Frankfurt an Preußen fallen, so daß Preußen nun von der Saar bis Ostpreußen eine Einheit bildet. Daraufhin **löst sich der Deutsche Bund** am 24. 8. 1866 in Augsburg **auf.** Bismarcks geschickter Diplomatie gelingt es, alle Gebietsforderungen Frankreichs in Westdeutschland zurückzuweisen.

Damit ist, wenn auch mit den großen Opfern eines Bruderkrieges erzwungen, die deutsche Frage zugunsten der damals einzig möglichen kleindeutschen Lösung und damit zugunsten Preußens entschieden und Österreich praktisch aus Deutschland hinausgedrängt. Nach dem siegreichen Verlauf beider Kriege beantragt und erhält Bismarck vom preußischen Parlament nachträglich die Billigung für die etatlose Konfliktszeit, so daß Parlament und Monarchie wieder versöhnt sind. Am 3. 10. 1866 wird der **Norddeutsche** Bund gegründet, dem Bismarck vorsteht. Ein konstituierender Reichstag beschließt 1867 die Bundesverfassung. Die süddeutschen Staaten schließen Schutz- und Trutzbündnisse mit Preußen, ab 1868 Militärbündnisse gegen einen französischen Angriff. Bismarcks Staatskunst hat so die Voraussetzungen für die wenige Jahre später erfolgende Einigung Deutschlands ohne Österreich geschaffen.

Versuche Österreichs, ein Bündnis mit Italien und Frankreich gegen Preußen zu schließen (Besuch Napoleons III. in Salzburg 1867 und Kaiser Franz-Josephs in Paris 1867) scheitern an zu hohen Forderungen Italiens und Bismarcks erfolgreicher Gegendiplomatie und werden dann durch die deutschen Siege im Krieg gegen Frankreich 1870 vollends überholt.

DER KRIEG 1870/71
UND DIE DEUTSCHE EINIGUNG

Spanien wünscht 1870 zur Beendigung innerer Wirren Erbprinz Leopold aus einer Nebenlinie der Hohenzollern zum König. In Frankreich erhebt sich dagegen großer Protest. Daraufhin verzichtet der Erbprinz am 12. 7. 1870. Kaiser Napoleon von Frankreich fordert nun von Preußen die Garantie keiner neuen Bewerbung und einen Entschuldigungsbrief. Der Preußenkönig lehnt das ab, insbesondere, als der französische Gesandte ihn in Bad Ems dazu schroff auffordert. Frankreich nimmt Bismarcks ›**Emser Depesche**‹ über den Inhalt dieser Unterredung zum Kriegsgrund und erklärt Preußen am 19. 7. 1870 den Krieg.

Bismarck hat diesen Krieg nicht bewußt herbeigeführt, ihn jedoch als Mittel zur deutschen Einigung hingenommen, ohne sich um eine Vermeidung zu bemühen. Durch seine Diplomatie hat er sichergestellt, daß Rußland und England nicht eingreifen, Italien freundlich bleibt und Österreich nicht auf Rache für 1866 sinnt. Durch alle deutschen Staaten geht eine Welle der Nationalbegeisterung gegen Frankreich und für Preußen. Der Norddeutsche Bund zieht so mit den süddeutschen Staaten gegen Frankreich, drei deutsche Armeen marschieren unter Moltkes Oberbefehl nach Westen.

Seiner meisterhaften Heeresführung gelingt es, nach Siegen bei **Mars la Tour** und **Gravelotte** (18. 8. 1870) das französische Heer in Metz einzuschließen. Das von Napoleon geführte Ersatzheer wird in **Sedan** eingeschlossen und muß am 1. 9. 1870 mit 108 000 Mann kapitulieren. Der französische Kaiser wird gefangengenommen, in Frankreich wird die Republik ausgerufen. Am 27. 10. 1870 kapituliert Metz. Paris ist seit 19. 9. 1870 eingeschlossen. Mehrere Versuche französischer Armeen, **Paris** zu entsetzen, scheitern unter schweren Niederlagen, so daß Paris am 28. 1. 1871 kapitulieren muß. Daraufhin wird am 26. 2. 1871 der Vorfrieden, am 10. 5. 1871 in Frankfurt der Frieden unterzeichnet. Wieder setzt sich Bismarck mit sehr mäßigen Forderungen an den Verlierer durch: Frankreich muß neben der Zahlung von Kriegskosten nur das rund 200 Jahre vorher dem Reich geraubte Elsaß-Lothringen wieder abtreten. Jede Entehrung Frankreichs, seines Kaisers und später der republikanischen Regierung unterbleibt.

Seit September 1870 hat Bismarck über den Beitritt der im Kriege verbündeten süddeutschen Staaten zum Norddeutschen Bund verhandelt. Nach Gewährung von Sonderrechten und unter dem Druck der Bevölkerung stimmen schließlich auch Bayern und Württemberg zu. Am 9. 12. 1870 nimmt der Norddeutsche Bund alle Verträge mit den süddeutschen Staaten an, erläßt die Reichsverfassung und schafft den Titel ›Deutscher Kaiser‹. Bereits am 30. 11. 1870 hat König Ludwig II. von Bayern die Kaiserkrone dem König von Preußen angetragen. Am 18. 1. 1871 erfolgt die festliche **Kaiserproklamation im Spiegelsaal von Versailles:** Der König von Preußen wird Kaiser Wilhelm I., das 2. Deutsche Reich ist gegründet. Bismarcks Diplomatie hat verbunden mit Preußens Macht die Einigung Deutschlands in der zur Zeit einzig möglichen kleindeutschen Form erreicht, obwohl im Grunde alle Staaten Europas dagegen sind. Preußen hat nun endgültig Österreich in Deutschland abgelöst.

BISMARCKS AUSSENPOLITIK

Nach der Reichsgründung sorgt sich Bismarck als Kanzler des Reiches um die Erhaltung des Erreichten. In Frankreich, das bereits 1873 alle Kriegsentschädigungen vollbezahlt hat, greift der Revanche-Gedanke um sich. Bismarck verhindert diplomatisch, daß Frankreich Bündnisse gegen das Reich bildet. Er erhält sich die Freundschaft des Zaren und gewinnt die des österreichischen Kaisers. Eine Dreikaiserbegegnung in Berlin im September 1872 bereitet das **Drei- kaiserbündnis** zwischen Deutschland, Österreich und Rußland von 1873 vor. Kurz vorher hat Kaiser Wilhelm I. eine Militärkonvention mit Rußland in Petersburg abgeschlossen.

Unter Bismarcks Leitung tagt 1878 der **Berliner Kongreß** zur Beilegung der Spannungen auf dem Balkan nach Rußlands Sieg über die Türkei. Bismarck kann als ›ehrlicher Makler‹ Frieden stiften und sich Rußlands Freundschaft erhalten. Panslawistische Strömungen lassen jedoch in Rußland deutsch-feindliche Bestrebungen wachsen. Gegen sie kommt es 1879 zu einem geheimen Verteidigungsbündnis Deutschlands mit Österreich. Nach der Ermordung des Zaren wird 1881 mit seinem Nachfolger Alexander III. ein erneutes Dreikaiser- abkommen mit wohlwollender Neutralität abgeschlossen und 1884 verlängert. Inzwischen hat Bismarck 1882 den **Dreibund** zwischen Deutschland, Österreich und Italien geschaffen, der gegen Frank- reich schützen soll. Er wird 1887 für weitere fünf Jahre erneuert. Schließlich erreicht Bismarck 1887 das Mittelmeerabkommen zwi- schen Österreich, England und Italien, das gegen Angriffe Frank- reichs oder Rußlands gerichtet ist. Mit diesem Bündnissystem ge- lingt es Bismarck, das kriegslüsterne Frankreich zu isolieren und ihm keine Kriegschance zu geben, obwohl mehrfach, besonders 1875 und 1886, Kriegsgefahr in der Luft liegt. Gegen die verstärkt in Ruß- land gegen Deutschland auftretenden panslawistischen Bestrebun- gen kann Bismarck mit dem Zaren den geheimen **Rückversiche- rungsvertrag** abschließen. Mehrere Versuche Bismarcks, auch ein engeres Bündnis mit England einzugehen, scheitern an Englands Zurückhaltung. Von Österreich und Italien unter Englands Duldung vorgebrachte Wünsche zu einem Präventivkrieg gegen Frankreich erfüllt Bismarck nicht, obwohl die Gelegenheit für Deutschland da- mals viel günstiger als 1914 gewesen wäre. Bismarcks Friedensliebe hat so die Entscheidung mit Frankreich bis 1914 verschoben. Lange widerstrebend übernimmt Bismarck 1884–1886 den deutschen Schutz über von deutschen Kaufleuten erkundete und erworbene Gebiete in Afrika (Deutsch-Ostafrika, Deutsch-Südwestafrika, Togo, Kamerun) und Asien (Neu-Guinea, Samoa). Später kommen die Marschall- und Karolineninseln (1899) und Kiautschou mit Tsingtau in China (1898) hinzu. Im Einvernehmen mit den anderen Mächten Europas wird

Deutschland so als letzte Großmacht **Kolonialmacht.** Die teilweise wegen ihrer natürlichen Unwirtlichkeit von den anderen Mächten nicht beanspruchten Gebiete werden in wenigen Jahrzehnten wertvolle Kolonien. In Ostafrika schafft Deutschland den dort noch herrschenden Sklavenhandel ab.

BISMARCKS INNENPOLITIK

Bismarck, später der ›eiserne Kanzler‹ genannt, führt als preußischer Ministerpräsident und dann als deutscher Kanzler in tiefer Verantwortung vor dem deutschen Volk und der preußischen Dynastie seine Politik willensstark durch, für richtig Erkanntes auch gegen das Parlament. Seine Stütze ist König, dann Kaiser Wilhelm I. Von 1871 bis etwa 1877 wird Bismarck im Reichstag von der Nationalliberalen Partei, später vom Zentrum, schließlich von den Konservativen unterstützt. Die Rücksichtnahme auf die Parteien erfordert manchen Kompromiß bei den Reformen.

Die Jahre nach 1871 dienen der **Vereinheitlichung der Innenpolitik** in den deutschen Ländern. Das Gerichtswesen wird Reichssache, das Standesamt wird eingeführt. Markenschutz-, Musterschutz- und Patentgesetz werden erlassen, das Patentamt eingerichtet. Geldeinheit wird die Reichsmark auf Golddeckung. Zur Einführung von Reichssteuern und zur Verstaatlichung der Eisenbahn kommt es noch nicht. Außer dem Reichskanzler gibt es keine Reichsminister. Den Reichsämtern stehen unter dem Reichskanzler Staatssekretäre vor. Neu eingerichtet wird neben Reichsschatzamt und Reichsjustizamt ein Reichsgesundheitsamt, später das Reichsamt des Innern und das Reichspostamt. Als letzte Staaten treten 1888 Hamburg und Bremen dem Zollverein bei.

Am 18. 7. 1870 beschließt das Vatikanische Konzil die Unfehlbarkeit das Papstes in Glaubensdingen. Als viele deutsche Katholiken, vor allem Religionslehrer, die ›Altkatholiken‹, sich gegen diesen Anspruch des Papstes wehren und deswegen von der katholischen Kirche aus ihrem Amt entlassen werden sollen, werden sie von verschiedenen deutschen Regierungen, auch von Preußen, unterstützt. Der ›Kulturkampf‹ entbrennt als Machtprobe zwischen Staat und Kirche. Vom Staat wird daraufhin den Kirchen die Schulaufsicht genommen, die Zivilehe eingeführt, auf Antrag der bayrischen Regierung der ›Kanzelparagraph‹ erlassen, der bei Strafe Hetze gegen die Regierung von der Kanzel verbietet, der Jesuitenorden verboten, die Ausbildung der Geistlichen staatlicher Aufsicht unterworfen. Erst ein neuer Papst, Leo XIII., ist ab 1878 zur Verständigung bereit, und bis 1887 wird ein Teil der im Kulturkampf gegen die Kirche erlassenen Gesetze gemildert oder zurückgenommen.

Bismarcks **Politik der Schutzzölle** ab 1879 sichert vor allem die junge deutsche Stahlindustrie und die Landwirtschaft vor existenzbedrohender Konkurrenz aus dem Ausland, vor allem von England. Die Zolleinnahmen bilden für das Reich beim Fehlen von Reichssteuern eine wichtige Einnahmequelle.

1886 kommt es wegen der von Bismarck unterstützten Erhöhung des Militärhaushaltes zu einem **Konflikt Bismarcks mit dem Reichstag.** Dieser wird aufgelöst. Den Wahlkampf gewinnt ein ›Kartell‹ aus Konservativen, Reichspartei und Nationalliberalen, die dann Bismarcks Politik unterstützen.

WIRTSCHAFTLICHE UND SOZIALE ENTWICKLUNG 1848–1890

Nach 1848 setzt in ganz Deutschland ein zunächst langsamer, nach dem Siege 1871 mit den Gründerjahren stürmischer **wirtschaftlicher Aufschwung** ein. Die Landwirtschaft als zunächst wichtigster Wirtschaftszweig wird von Industrie und Gewerbe abgelöst. Der Eisenbahnbau wird zügig vorangetrieben, Post und Telegraphie werden zu einem dichten Netz ausgebaut. Von 1870 bis 1910 steigt die Bevölkerungszahl des Reiches durch natürliche Vermehrung von 41 auf 65 Millionen. Den Zuwachs nehmen vor allem die aufblühenden Städte auf.

Mit der Industrialisierung entsteht in den Städten als Schattenseite ein bindungsloses, **verarmtes Proletariat,** wenn auch nicht so ausgeprägt wie in England. Soziale Unruhen künden sich an und wirken bei der Revolution 1848 mit. Von französischen Sozialisten um Proudhon und den deutschen Linkshegelianern um Feuerbach beeinflußt, entwickelt **Karl Marx** (1818–1883) mit **Friedrich En-**

gels (1820–1895) den Marxismus als soziale Heilslehre (*Kommunistisches Manifest,* 1848). Obwohl seine Wirtschaftstheorie (*Das Kapital*) und sein dialektischer und historischer Materialismus von der Wirklichkeit widerlegt werden, bleiben sie bis heute im Kommunismus und linken Sozialismus wirksam. Einen nationalen Sozialismus mit Erhaltung der Monarchie fordert dagegen **Ferdinand Lassalle** (1825–1864) mit seinem ›Allgemeinen Deutschen Arbeiterverein‹ 1863. Mit seinem Tode im Duell erlischt diese nationale Richtung der deutschen Arbeiterbewegung vorerst, die marxistische Lehre setzt sich bei den Arbeitern durch. Von den Kirchen (Bischof Ketteler) ausgehende Sozialbestrebungen haben keine durchgreifende Wirkung.

Die 1869 gegründete **Sozialdemokratische Partei** schließt sich 1875 in Gotha der marxistischen Internationale an und sagt dem Bürgertum den Klassenkampf an. Zwei Attentate auf Kaiser Wilhelm aus SPD-Kreisen führen 1878/79 zu Bismarcks **Sozialistengesetz**, das vom Reichstag bis 1890 immer wieder verlängert wird. Trotz des darin ausgesprochenen Verbotes der Sozialisten und ihrer Propaganda steigt die Zahl ihrer Reichstagsabgeordneten. Die Kluft zwischen dem deutschen Arbeiter und seinem Staat wird durch den Marxismus vertieft.

Nach Deutschlands Einigung greift Bismarck die soziale als wichtigste innenpolitische Frage auf. Durch den Kulturkampf zunächst daran gehindert, kann er dann ab 1881, teilweise gegen den erheblichen Widerstand der Parteien, auch der Sozialdemokraten, die epochemachende und für die ganze Welt vorbildliche **soziale Gesetzgebung** in Deutschland einführen. Kaiserliche Erklärungen vom 15. 2. 1881 und 17. 11. 1881 betonen den Willen des Staates zur »positiven Förderung des Wohles der Arbeiter«. So werden die Unfall-, Kranken-, Alters- und Invaliditätsversicherung staatlich eingeführt und das Prinzip der sozialen Volksgemeinschaft geschaffen. Weitere Versicherungen werden den Kommunalverbänden aufgetragen. Noch weitergehende Pläne Bismarcks zur Behebung der Not des deutschen Arbeiters scheitern an den Parteien. Für den unteren Mittelstand bringt das wachsende Genossenschaftswesen Erleichterung.

Am 9. 3. 1888 stirbt der greise Kaiser Wilhelm I. Seine Größe bestand darin, ausgezeichnete Mitarbeiter (Bismarck, Moltke, Roon) auszuwählen und sie auch in schweren Lagen gegen Parteien und Parlament zu stützen. Als erster deutscher Kaiser gab er dem Amt Würde und hohes Ansehen im Volk.

Sein Sohn, bereits schwer krebskrank, übernimmt als **Kaiser Friedrich III.** die Regierung im Reich und in Preußen. Auf diesem überzeugten Liberalen und edlen Charakter, verheiratet mit einer Tochter der englischen Königin Victoria, ruhen die Hoffnungen des liberalen Bürgertums in Deutschland, dem Bismarck zu streng-konservativ ist. Schon nach drei Monaten stirbt Friedrich III., ohne in den 99 Tagen seiner Regierung seine Pläne verwirklichen zu können.

Sein Sohn übernimmt als **Kaiser Wilhelm II.** (1888–1918) mit knapp 30 Jahren die Regierung des Reiches und Preußens. Er drängt nach eigener politisch-diplomatischer Betätigung und fügt sich nur schwer der überragenden und populären Autorität Bismarcks. Der alte, nicht auf Äußerlichkeiten bedachte, für die Zukunft sich sorgende Kanzler ist dem jungen, impulsiven, ehrgeizigen Kaiser im Wesen grundverschieden. Über Wilhelms II. Wunsch nach Erweiterung der sozialen Gesetzgebung und Abschwächung der Sozialistengesetze kommt es dann zu Spannungen und nach Aufforderung des Kaisers zu Bismarcks Rücktrittsgesuch vom 19. 3. 1890, das der Kaiser am Tag darauf sofort erfüllt. Da der Reichstag auch wieder einmal mehrheitlich gegen Bismarck eingestellt ist, setzt sich keine politische Kraft für diesen ein. Mit Bismarck geht auch sein Sohn Herbert, Staatssekretär im Auswärtigen Amt und Stütze des Kanzlers bei seinem kunstvollen Bündnissystem.

Bismarck zieht sich auf sein Gut Friedrichsruh vor den Toren Hamburgs zurück. Sein Ansehen im Volk wächst noch weiter, zahllose Bismarcktürme künden davon in ganz Deutschland. Im Reichstag wird allerdings 1895 eine Grußbotschaft zu Bismarcks 80. Geburtstag mit Mehrheit abgelehnt. So tief ist der Haß der Parteien, vor allem des Zentrums und der Sozialdemokraten, gegen den großen Kanzler, weil er sich zum Wohl Deutschlands, wenn es nötig war, auch über die Parteien hinweggesetzt hat. Im Ausland wird der Abgang des vertrauenswürdigen Kanzlers als tiefer Einschnitt und Beginn einer wieder unsicheren Zeit empfunden. Bismarck stirbt 1898, nur äußerlich mit dem Kaiser versöhnt.

Fürst Otto von Bismarck kann auch der Gegenwart als genialer Politiker, als Gewährer maßvollen Friedens, als sozialer Reformer, als nationaler Erneuerer und als toleranter und religiöser Charakter Vorbild sein. Er schaffte nach unvermeidbaren, aber diplomatisch und militärisch hervorragend vorbereiteten und dann sehr kurz durchgeführten Kriegen die Einheit Deutschlands, eine sonst ungewöhnlich lange Friedenszeit für Deutschland und Europa und achtete die Lebensrechte auch der anderen Völker.

ÖSTERREICH NEBEN DEM DEUTSCHEN REICH

Nach Überwindung der 48er Revolution gibt die **Person Kaiser Franz-Josephs** (1848–1916) in langer Regierungszeit dem österreichischen Staat die innere Festigkeit. Er muß die Niederlage gegen Preußen 1866 und das Ausscheiden aus dem Deutschen Bund hinnehmen. Dennoch fühlen sich die Österreicher und ihr Kaiser weiter als Deutsche. Hauptsorge bleibt es, den neben den Deutschen aus zehn anderen Völkern gebildeten Staat im Zeitalter des Erwachens der Völker zusammenzuhalten. Um 1850 leben in Österreich 8,5 Mill. Deutsche, 5,6 Mill. Italiener, 5,2 Mill. Ungarn, 6,3 Mill. Tschechen und Slowaken, 2,2 Mill. Polen, 3,1 Mill. Ruthenen, 1,3 Mill. Slowenen, 1,4 Mill. Kroaten, 1,1 Mill. Serben und 2,7 Mill. Rumänen.

Nach der Niederlage Österreichs 1866 gewinnt Ungarn größere Selbständigkeit. Im ›Ausgleich‹ von 1867 wird **Österreich-Ungarn Doppelmonarchie:** Der Kaiser wird König von Ungarn; Heer und einige Minister sind gemeinsam bei getrennten Parlamenten. Ungarn erstrebt noch weitere Selbständigkeit.

Allgemein sinkt der deutsche Einfluß. Bis 1879 haben die Deutschen durch ein nach Besitz, Einkommen und Bildung ausgerichtetes Wahlsystem die Zweidrittelmehrheit im Reichstag. Auch im böhmischen Landtag und in Krain behalten sie noch die Mehrheit der Sitze. In Prag geht 1860 die deutsche Mehrheit im Stadtrat verloren. Hier tagte 1848 der **1. Panslawistenkongreß,** der eine Vereinigung aller slawischen Länder mit der Westgrenze Stettin–Triest forderte, sich gegen Preußen und Österreich wandte, allerdings die deutsche Sprache als Kongreßsprache benötigte. In Galizien wird die polnische Mehrheit anerkannt und 1869 die bis dahin deutsche Universität Lemberg polnisch. Nach 1871 wächst in den deutschen Teilen Österreichs der großdeutsche Gedanke. 1873 fordert der österreichische Abgeordnete Schönerer die Vereinigung der deutschen Länder Österreichs mit dem Deutschen Reich.

Ab 1879 wird unter der Regierungsführung des **Grafen Taaffe** (1879–1893), der sich auf Klerikale und Slawen stützt, ein slawenfreundlicher Kurs eingeführt. Eine Wahlrechtsreform (Fünfguldenwahlrecht) läßt den Deutschen im Reichstag nur noch die knappe Mehrheit, ihre Mehrheit in den Vertretungen Böhmens und Krains geht verloren. Durch Taaffes Sprachverordnungen für Böhmen und Mähren wird die bisher anerkannte **Vorherrschaft des Deutschen als Amtssprache** erschüttert. Nur die Kommandosprache im Heer bleibt bis 1918 deutsch. Zum Schutz bedrängter deutscher Gebiete wird 1880 der Deutsche Schulverein gegründet. Forderungen nationaler Politiker, volksfremde Gebiete wie Galizien, die Bukowina oder Dalmatien aus dem engeren Staatsverband zu lösen oder die deutschen Teile Österreichs an das Reich anzuschließen, gehen nicht in Erfüllung.

Zu Lebzeiten Kaiser Franz-Josephs kann durch geschickte Politik der Vielvölkerstaat erhalten werden. Unter der Toleranz der Österreicher erwachen die Völker. Ihr Freiheitsstreben bedroht wachsend den Staat.

KULTURELLE ENTWICKLUNG VON *1848–1890*

Der Aufstieg Preußens und die Einigungskriege von 1864 bis 1871 geben dem kulturellen Bereich verstärkt nationale und kleindeutsche Anregungen. In der Dichtung herrscht ein sittlicher, meist erzieherisch geplanter Realismus. Der in Wien lebende Dithmarscher **Friedrich Hebbel** (1813–1863) ist der bedeutendste Dramatiker (*Nibelungen*). Als großartiger Schilderer der Natur und des Sittengesetzes schafft **Adalbert Stifter** (1805–1868) seine großen Romane (*Witiko, Nachsommer*). **Gottfried Keller** (1819–1890) zeichnet das Menschenleben (*Grüner Heinrich*). Der Patriot und Nordseedichter **Theodor Storm** (1817–1888) schreibt neben Lyrik seine großen Novellen (*Schimmelreiter*). **Viktor von Scheffel** (1826–1886) (*Ekkehard*) und **Gustav Freytag** (1816–1895) (*Bilder aus der deutschen Vergangenheit*) gestalten wie **Felix Dahn** (1834–1912) (*Kampf um Rom*) romanhaft germanisch-deutsche Geschichte. Der Niedersachse **Wilhelm Raabe** (1831–1910) schreibt seine Bürgerromane (*Hungerpastor*). Durch die deutsche Einigung angeregt, entfaltet der Schweizer **Conrad Ferdinand Meyer** (1825–1898) seine nationale Erzählkunst (*Jürg Jenatsch*). Mit Lyrik und Gedichten treten Emanuel Geibel und Paul Heyse hervor.

Nach dem Tod Schopenhauers 1860 erscheint erst in **Friedrich Nietzsche** (1844–1900) wieder ein philosophisches Genie, der in seinen Werken (*Wille zur Macht, Zarathustra*) als Einzelgänger und abseits der Universitäten im Protest gegen Sozialismus, Christentum und Demokratie und ihre nivellierenden Wirkungen die Zeichen eines gewaltigen Kultur- und Werteumsturzes spürt und in einer schon teilweise biologisch begründeten Ethik Grundlagen einer neuen Zeit legt. Seine ›Herrenmoral‹ wird weithin falsch verstanden.

In der Musik schafft **Richard Wagner** (1813–1883) das Musikdrama als Gesamtkunstwerk. Mit seinen Themen (*Meistersinger, Ring des Nibelungen*) greift er auf die germanische Sagenwelt und die deutsche Geschichte zurück. In **Anton Bruckners** (1824–1896) Symphonien kündigt sich ein moderner Musikstil an.

In der Malerei treten die großflächigen Geschichtsdarstellungen Pilotys und Defreggers (Tiroler Bauern) auf, daneben die feinere Kunst Böcklins und Feuerbachs.

Die **Geschichtsschreibung** hat große Bedeutung für die deutsche Einigung und wird von ihr wieder sehr befruchtet. Leopold von Ranke (*Weltgeschichte*), Theodor Mommsen (*Römische Geschichte*), Heinrich von Treitschke (*Deutsche Geschichte im 19. Jahrhundert*), Johann Gustav Droysen (*Geschichte der preußischen Politik*) sind die glänzenden und tief wirkenden Namen einer Klassik deutscher Geschichtsschreibung, wenn auch meist kleindeutscher Haltung. Großdeutsch schreibt der in Innsbruck lehrende Westfale Julius Ficker. Jacob Burckhardt (*Weltgeschichtliche Betrachtungen*) wird erst später richtig gewürdigt.

Die **Naturwissenschaften** treten ihren großen Siegeszug an. In

Physik (Mayer, Helmholtz, Kirchhoff, Boltzmann) und Chemie (Liebig, Bunsen) werden die Grundlagen der modernen Technik gelegt.

Das 20. Jahrhundert

DAS ENDE DES BISMARCKSCHEN BÜNDNISSYSTEMS

Unter Bismarcks Nachfolgern **Caprivi** (1890—1894) und **Hohenlohe-Schillingsfürst** (1894–1900) löst sich sein kunstvolles Bündnissystem auf. 1890 wird der Rückversicherungsvertrag mit Rußland von Berlin nicht verlängert. Rußland verbündet sich sogleich 1891 mit Frankreich in der Entente cordiale. England entzieht sich deutschen Bündniswünschen. Nach Kaiser Wilhelms Glückwunschtelegramm an die Buren in Südafrika (**Krügerdepesche**) 1896 löst sich England vom Dreibund, wendet sich Frankreich und Rußland zu und tritt später der Entente bei. Ein Besuch des englischen Königs beim Zaren ist 1908 in Reval mit Militärgesprächen verbunden. Italien hat sich 1902 vertraglich mit Frankreich über Nordafrika geeinigt, wodurch seine Stellung im Dreibund schwankend wird. So steht Deutschland um 1910, allein mit dem verwandten Österreich-Ungarn verbunden, der Front der anderen europäischen Staaten gegenüber. Insbesondere ist es vom Revanche fordernden Frankreich im Westen und dem wegen seines Panslawismus deutschfeindlichen Rußland im Osten in einer **Zweifrontenlage** bedroht. Hinzu kommt die Belastung mit den Balkansorgen des österreichischen Verbündeten. In zwei Jahrzehnten seit Bismarcks Abgang ist die Einkreisung Deutschlands vollzogen.

Die nach Englands Annäherung an Rußland von Admiral Tirpitz vorgenommene Verstärkung der deutschen Flotte führt zum **deutschenglischen Flottenstreit**, woraus eine englisch-französische Marine-Konvention entspringt. Im Juli 1912 wird ein französisch-russisches Marine-Bündnis geschlossen. Im August 1912 übernimmt England den gegen Deutschland gerichteten Schutz der nordfranzösischen Küste. Im November 1912 werden englisch-französische Generalstabsgespräche vereinbart. Im Januar 1913 bildet der neugewählte französische Präsident Poincaré ein ›nationales Kabinett‹: In Frankreich wird verstärkt Elsaß-Lothringen zurückgefordert, die dreijährige Dienstzeit eingeführt. Auf dem Balkan versucht Rußland, Bündnisse gegen Österreich zu errichten, um durch europäische Verwicklungen Konstantinopel zu gewinnen. Rumänien und Serbien kehren sich gegen Österreich. Während Deutschland unter Reichskanzler von **Bethmann-Hollweg** (1909–1917) unablässig für Frieden eintritt,

Österreich seinen Staat zusammenhalten will, drängt Frankreich auf Rache für 1871 und Erwerb von Elsaß-Lothringen, will Rußland Österreichs Einfluß auf dem Balkan beseitigen und die Dardanellen gewinnen, ist England an einer Schwächung des **wirtschaftlichen Konkurrenten Deutschland** interessiert. England verbindet sich nach seiner alten Politik des Mächtegleichgewichtes (balance of power) gegen die stark gewordene Mitte Europas mit deren Feinden. Dieser gemeinsamen Interessenlage der europäischen Mächte ist die deutsche Diplomatie nicht gewachsen. Jahrelang kündigt sich in immer neuen Krisen die deutsche und europäische Katastrophe des Ersten Weltkrieges an.

DER AUSBRUCH DES ERSTEN WELTKRIEGES

In die kriegsgeladene Atmosphäre springt als auslösender Funke am 28. 6. 1914 das mit Kenntnis der serbischen Regierung erfolgte **Attentat von Sarajewo,** bei dem der österreichische Thronfolger Erzherzog Franz Ferdinand mit seiner Frau von Serben ermordet wird. Statt die europäische Empörung über diese Tat zu nutzen und Maßnahmen zu ergreifen, zögert Österreich lange. Erst am 23. 7. 1914 richtet Österreich ein Ultimatum an Serbien zur Beendigung der politischen Wühlarbeit gegen Österreich. Am folgenden Tag stellt sich Rußland demonstrativ hinter Serbien. Am 25. 7. macht Serbien gegen Österreich mobil und beantwortet das Ultimatum ausweichend. Daraufhin befiehlt Österreich die Teilmobilmachung gegen Serbien. Deutschlands Versuche, einen europäischen Konflikt zu vermeiden, dringen in Rußland nicht durch, das ihn für seine Pläne nützlich hält. Am 26. 7. trifft Rußland für seinen europäischen Teil die Kriegsvorbereitungen. Am 28. 7. erklärt **Österreich Serbien den Krieg.** Am 29. 7. erfolgt die allgemeine Mobilmachung Rußlands, die nach einem Telegramm des deutschen Kaisers in eine Teilmobilmachung gegen Österreich umgewandelt wird. Am 30. 7. wird dennoch in Rußland die allgemeine Mobilmachung angeordnet. An diesem Tag wird auch der französische Grenzschutz aufgestellt. Am 31. 7. erfolgt die allgemeine Mobilmachung in Österreich, in Deutschland die Erklärung des »Zustandes drohender Kriegsgefahr«. Frankreichs Kriegsminister erklärt, daß Frankreich zum Krieg gegen Deutschland entschlossen sei. England und Frankreich stützen in Rußland die Kriegspartei gegen den zunächst noch zögernden Zaren. Nach Frankreichs Mobilmachung am 1. 8. um 16 Uhr ist Deutschland von zwei zum Krieg entschlossenen Mächten im Westen und Osten eingeschlossen. Um durch rasches Handeln günstige Entscheidungen zu gewinnen, macht **Deutschland am 1. 8. um 17 Uhr mobil, erklärt abends Rußland den Krieg und am 3. 8. auch an Frankreich.** Als Belgien den deutschen Wunsch auf Durchmarsch deutscher Truppen gegen Frankreich ablehnt, wird der Durchmarsch am 4. 8. mit Gewalt erwungen. Darauflhin erklärt **England am 4. 8. Deutschland den Krieg,** zu dem es sich durch geheime Abmachungen mit Frankreich schon vorher verpflichtet hat. Italien und Rumänien erklären sich zunächst für neutral. Die Türkei und Bulgarien verbünden sich als von Rußland Bedrohte mit Österreich-Deutschland. Holland, die skandinavischen Länder, die Schweiz und Griechenland bleiben neutral. Wegen der deutschen Kolonien in Ostasien erklärt Japan Deutschland den Krieg. Damit ist der Erste Weltkrieg entbrannt, der ganz Europa viel Blut und große Werte kostet, Europas Vormachtstellung in der Welt an die USA übergehen läßt und bei seinem Friedenschluß in Versailles den Keim für den Zweiten Weltkrieg legt.

Die Schuld für den Ausbruch des Ersten Weltkrieges liegt vornehmlich bei den zum Krieg treibenden Kreisen in Rußland und Frankreich, England ließ ihn zumindest zu. Die deutsche Politik, zwar nicht sehr geschickt, hat versucht, ihn zu vermeiden und den Frieden zu erhalten. Die Weltpresse hat in wachsendem Maße gegen Deutschland und Österreich Propaganda gemacht.

Der Erste Weltkrieg 1914–1918

1914: Deutsche Armeen dringen vom Elsaß bis Belgien in Frankreich ein. Franzosen und Engländer ziehen sich zurück. Die französische Regierung flüchtet nach Bordeaux. Erst kurz vor Paris kommt der deutsche Vormarsch an der Marne (›**Marnewunder**‹) durch deutschen Rückzugsbefehl zum Stehen. Der Grabenkrieg beginnt. Ende August werden die in Ostpreußen eingefallenen Russen von Hindenburg und Ludendorff bei **Tannenberg** geschlagen, Teile des russischen Polens werden erobert.

1915: Im Westen herrscht Stellungskrieg. Die Russen werden im Februar in der Schlacht in Masuren besiegt, weitere Teile Polens und Serbiens erobert. Am 23. 5. erklärt Italien Österreich den Krieg. England führt die allgemeine Wehrpflicht ein und stellt ein neues Heer auf.

1916: In Frankreich toben Materialschlachten um **Verdun** und an der **Somme** ohne wesentliche Gebietsänderungen. Im Osten werden russische Angriffe abgewehrt. Rumänien erklärt am 27. 8. den Mittelmächten den Krieg und wird erobert. Italiens Angriffe am **Isonzo** werden abgeschlagen, mit Hilfe der Tiroler Standschützen wird die ganze Front gegen Italien gehalten.

Am 31.5. besiegt die deutsche Hochseeflotte die englische im **Skagerrak** bei der größten Seeschlacht der Geschichte. Am 21. 11. stirbt **Kaiser Franz-Joseph,** den sein Nachfolger **Karl** nicht ersetzen kann. Im Dezember wird ein deutsches Friedensangebot von den Alliierten abgewiesen.

1917: Im Westen wird im März die deutsche Front auf die ausgebaute **Siegfriedstellung** zurückgenommen. Angriffe vor allem der Engländer bei Arras und in Flandern werden abgewehrt. In Rußland wird im März der Zar gestürzt, Kerenski kommt zur Macht. Russische Angriffe werden zurückgeschlagen, weite Teile des Baltikums mit Riga und Dünaburg erobert. Nach ihrer Machtergreifung im November schließen die Bolschewiken unter Lenin und Trotzki mit Deutschland **Waffenstillstand** und leiten Friedensverhandlungen in Brest-Litowsk ein. Nach ihren vergeblichen Angriffen am Isonzo werden die Italiener bis an die Piave zurückgetrieben. Am 1. 2. wird der verschärfte U-Boot-Krieg gegen England eröffnet. **Am 6.4. erklären die USA Deutschland den Krieg.** Im März bietet Kaiser Karl von Österreich den Westmächten vergeblich einen Sonderfrieden an. Der Deutsche Reichstag tritt im Juli für einen Verständigungsfrieden ein.

1918: Deutsche Angriffe in Frankreich bringen Gebietsgewinn, doch keine Entscheidung. Die Angriffe der im August eintreffenden Amerikaner werden zurückgewiesen. Der **Friede von Brest-Litowsk** beendet den Krieg im Osten. Bulgarien schließt am 29. 9., die Türkei am 30. 10. Waffenstillstand mit den Westmächten. Als durch Engländer und Amerikaner verstärkte Italiener die Piave-Front durchbrechen, schließt Österreich am 2. 11. Waffenstillstand, nachdem Kaiser Karl das Bündnis mit Deutschland gelöst hat. So steht Deutschland noch unbesiegt allein ohne Bundesgenossen da.

In den Kolonien haben sich die deutschen Truppen in Südwestafrika ein Jahr, in Ostafrika unter **Lettow-Vorbeck** bis Kriegsende verteidigen können.

DER ZUSAMMENBRUCH 1918

1914 ziehen die Deutschen mit Begeisterung in den Krieg, alle Klassen-, Standes- und Parteigegensätze erscheinen belanglos. Die SPD stimmt den Kriegsausgaben zu. Die Kriegsjahre bringen der Heimat große Belastung. Durch die von den Engländern bei Kriegsbeginn verhängte **Hungerblockade** kommt es zu Notlagen (Steckrübenwinter 1916/17), erhöhter Sterblichkeit und Ausfall von Geburten. Ab 1917 drängt die linke Reichstagsmehrheit aus SPD, Zentrum und Fortschrittlichen auf einen ›**Verständigungsfrieden**‹, was von den Gegnern als Zeichen der Schwäche gedeutet wird. Ab April 1917 kommt es zu mehreren von den Unabhängigen Sozialisten angezettelten **Streiks** in deutschen Rüstungsbetrieben. Auch im französischen Heer treten Meutereien auf.

Als Ende September 1918 die deutsche Heeresleitung zum Waffenstillstand drängt, lehnt Reichskanzler Prinz Max von Baden, der ab 3. 10. 1918 im Amt ist, das zunächst ab, wendet sich dann über die Schweiz an den US-Präsidenten **Wilson**, der im Januar seine **14 Punkte** für den Frieden verkündet hat. Dieser stellt schließlich ›billige Friedensbedingungen‹ nach Beseitigung der deutschen Regierung und der Monarchie in Aussicht.

Als am 30. 10. 1918 die deutsche Hochseeflotte aus Kiel auslaufen soll, verweigern die Mannschaften den Dienst. In **Kiel** bricht am 3. 11. eine **allgemeine Meuterei** gegen die Offiziere aus, die auf Hamburg, Lübeck und Bremen übergreift. Am 7. 11. wird König Ludwig III. von Bayern von einer Volksmenge unter Eisner gestürzt, in Bayern die Republik ausgerufen. Am 8. 11. werden die **Waffenstillstandsbedingungen** im Wald von Compiègne den Deutschen mitgeteilt, am 11. 11. unterschrieben. Sie enthalten unter anderem die Räumung Belgiens, Frankreichs, Elsaß-Lothringens und Luxemburgs in 15 Tagen, Auslieferung der deutschen Flotte, Ablieferung von Kriegs-

112

material, Ungültigkeit der im Osten geschlossenen Friedensverträge und die Fortdauer der Hungerblockade.

Am 9. 11. bricht in Berlin der Aufruhr aus. Reichskanzler Prinz Max von Baden gibt die **Abdankung Kaiser Wilhelms II.** bekannt, ohne daß der im Hauptquartier in Spa weilende Kaiser zugestimmt hat. Scheidemann ruft vom Reichstagsgebäude in Berlin die **Republik in Deutschland** aus. Daraufhin verläßt der Kaiser auf Drängen seiner hohen Offiziere, auch Hindenburgs, Spa, dankt ab und begibt sich nach Holland, um einen deutschen Bürgerkrieg zu vermeiden. Die Regierung in Berlin wird durch den Rat der Volksbeauftragten aus sechs Sozialdemokraten und einem Unabhängigen Sozialisten ersetzt, darunter Ebert, Scheidemann und Haase. In ganz Deutschland werden die Fürsten abgesetzt, Arbeiter- und Soldatenräte übernehmen die Macht.

Das deutsche Heer zieht sich, im Feld unbesiegt, unter Generalfeldmarschall von Hindenburg in mustergültiger Ordnung in kurzer Zeit nach Deutschand zurück und löst sich dort auf. Die deutsche Kriegsflotte wird am 21. 6. 1919 bei ihrer Auslieferung im englischen Hafen von **Scapa Flow** auf Befehl ihres Admirals von Reuter versenkt.

DAS VERSAILLER DIKTAT

Nach Auflösung des deutschen Heeres beraten ab 18. 1. 1919 die führenden Staatsmänner der Alliierten Wilson (USA), Lloyd George (Großbritannien), Clémenceau (der ›Tiger‹, Frankreich) und Orlando bzw. Sonnino (Italien) als ›**Rat der Vier**‹ mit Vertretern anderer Völker ohne Deutschland die ›Bestrafung‹ Deutschlands und die Neugestaltung Europas. Wilsons maßvolle 14 Punkte von 1918, die Voraussetzung des deutschen Waffenstillstandes, werden immer mehr verlassen und machen ungezügelter Rachsucht und Landgier vor allem der Franzosen und Italiener Platz. Enttäuscht verläßt der US-Präsident Europa. Das US-Parlament verweigert die Ratifizierung des Versailler Diktates, die USA schließen am 25. 8. 1921 einen Sonderfrieden mit Deutschland, auch mit Österreich.

Am 7. 5. 1919 werden dem deutschen Außenminister Graf Brockdorff-Rantzau unter entehrenden Umständen die Bestimmungen übergeben, die ohne weitere Verhandlungen als **Diktat** angenommen werden sollen. Die furchtbaren, unterdrückenden und entehrenden Bestimmungen, die ohne deutsche Mitwirkung zustande kamen, erregen in Deutschland tiefe Erbitterung. Trotz Fortdauer der Hungerblockade stoßen sie in weiten Kreisen auf Ablehnung. Die Reichsregierung unter Scheidemann erklärt sie für unannehmbar und tritt deswegen zurück. Eine neue Regierung aus Zentrum und SPD nimmt den Vertrag schließlich am 23. 6. 1919 an, sträubt sich jedoch noch gegen die im Diktat anzuerkennende Alleinschuld Deutschlands am Ersten Weltkrieg. Daraufhin drohen die Sieger dem wehrlosen Deutschland in einem Ultimatum mit Gewaltmaßnahmen. Dann wird das **Diktat** am 28. 6. 1919 im **Spiegelsaal von Versailles** unterzeichnet. Erst zwei Wochen danach wird die Hungerblockade aufgehoben.

In 15 Teilen mit 440 Artikeln bestimmt das Versailler Diktat unter anderem:

a) Deutschland muß wertvolle und alte Reichsgebiete abtreten: Eupen, Malmedy und Moresnet an Belgien; Nordschleswig an Dänemark; Teile von Schlesien und Ostpreußen, fast ganz Westpreußen und Posen an Polen; das Hultschiner Ländchen an die Tschechoslowakei; das Memelland an den Völkerbund unter Litauens Verwaltung; Elsaß und Lothringen an Frankreich; Danzig und das Saargebiet an den Völkerbund; alle Kolonien als Mandate des Völkerbundes an verschiedene Länder, da sich Deutschland als unfähig und unwürdig zum Kolonisieren erwiesen habe. In einigen Gebieten sollen Abstimmungen stattfinden.

b) Das **deutsche Militär wird beschränkt:** Herabsetzung des Heeres auf 100 000 Mann; Abschaffung der allgemeinen Wehrpflicht; Auflösung des Generalstabes; Auslieferung des gesamten Kriegsmaterials; Auslieferung der Kriegsflotte; Begrenzung der Marine auf 15 000 Mann; Besetzung des Rheinlandes durch die Alliierten für 15 Jahre; Einrichtung einer entmilitarisierten Zone 50 km östlich des Rheines.

c) Als **Kriegskosten** werden gefordert: Ablieferung vieler Handelsschiffe, Maschinen und Fabrikeinrichtungen; Lieferung großer Mengen an Vieh und Kohle; Übergabe der deutschen Überseekabel; Übernahme der gesamten Besatzungskosten; Verpflichtung zu Schuldverschreibungen über 80 Milliarden Goldmark; Zahlung einer noch

114

festzusetzenden Gesamtkriegsschuld innerhalb von 30 Jahren; Internationalisierung von Rhein, Donau, Elbe, Oder, Memel und des Kaiser-Wilhelm-Kanals.

d) Anerkennung der **Alleinkriegsschuld** in Artikel 231: »Die alliierten und assoziierten Regierungen erklären und Deutschland erkennt an, daß Deutschland und seine Verbündeten als Urheber für alle Verluste und Schäden verantwortlich sind, welche die alliierten und assoziierten Regierungen und ihre Staatsangehörigen infolge des ihnen durch den Angriff Deutschlands und seiner Verbündeten aufgezwungenen Krieges erlitten haben.« Dazu wird die Auslieferung von deutschen ›**Kriegsverbrechern**‹, Militärs und Politiker, gefordert und ein Prozeß gegen Kaiser Wilhelm II. angekündigt. Ähnliches bestimmt das **Diktat von St. Germain** für Österreich. Die Doppelmonarchie wird zerschlagen. Österreich wird Republik, Ungarn wird selbständig. Südtirol kommt bis zum Brenner an Italien, Teile von Kärnten und Steiermark an das neugebildete Jugoslawien, das Sudetenland an die Neubildung Tschecho-Slowakei. Obwohl die neu zusammengetretene österreichische Nationalversammlung bereits am 12. 11. 1918 den Anschluß der deutschen Teile Österreichs an das Deutsche Reich beschlossen hat, wird der **Anschluß verboten.** Sogar der von der Nationalversammlung beschlossene Name ›**Deutsch-Österreich**‹ wird im Diktat von St. Germain untersagt. Auch das Selbstbestimmungsrecht der Sudetendeutschen im seit 1000 Jahren zum Reich gehörigen Böhmen, die sich im Oktober 1918 ausdrücklich als Teil Österreichs und damit des Deutschen Reiches erklärt hatten, wird in St. Germain nicht beachtet. Die übrigen Teile der alten Doppelmonarchie kommen an den 1916 von der deutschen und österreichischer Regierung wieder errichteten polnischen Staat, den es über 120 Jahre nicht mehr gegeben hat, und an Rumänien.

Die anderen Verbündeten Deutschlands im Ersten Weltkrieg müssen auch Gebietsabtretungen hinnehmen, Bulgarien zugunsten Rumäniens, Griechenlands und Jugoslawiens, und die Türkei zugunsten Griechenlands, Frankreichs, Englands und Italiens. Im Baltikum werden Litauen, Lettland und Estland als selbständige Staaten errichtet.

Durch die Diktate von Versailles und St. Germain kommen rund 7 Millionen **Deutsche unter fremde Herrschaft,** weitere 4 Millionen leben außerhalb des früheren Reichsgebietes in Ost- und Südosteuropa, und fast 7 Millionen Österreichern wird die gewünschte Vereinigung mit dem Reich verboten. Somit werden rund 18 Millionen Deutsche gezwungen, außerhalb des Mutterlandes zu leben. Dem Deutschen Reich gehen 70 000 km² verloren. Sowohl die Abtrennung rein oder überwiegend deutscher Gebiete wie die Gründung künstlicher Staaten mit großen völkischen Minderheiten verstößt gegen Wilsons 14 Punkte. Sein feierlich verkündetes ›**Selbstbestimmungsrecht der Völker**‹ wird mit Füßen getreten. Auch dadurch werden in Versailles die Ursachen für den Zweiten Weltkrieg vorprogrammiert.

—*NOTZEIT NACH VERSAILLES 1919–1922*—

Die durch die Bedingungen des Versailler Diktates einsetzende finanzielle und wirtschaftliche Ausbeutung Deutschlands bringt Not und Inflation. Die Besetzung des Rheinlandes mit teilweise farbigen Truppen führt zu Demütigung, die Abtrennung großer Gebiete zu völkischer Not und Vertreibungen, insbesondere im Osten und in den Kolonien.

Unabhängige Sozialisten und Spartakusbund versuchen, in Deutschland nach russischem Vorbild eine bolschewistische Diktatur zu errichten. Beim **Spartakusaufstand** in Berlin im Januar 1919, im Ruhrgebiet und in Sachsen im März 1919 kann erst reichstreues Militär, teilweise ohne Regierungsauftrag, die Kommunisten niederwerfen. Am 7. April 1919 errichtet in München für einige Zeit eine **Räte-Republik** ihr Terrorregime mit schändlichen Geiselmorden, bis München am 2. Mai nach blutigem Kampf von reichstreuen Truppen erobert wird.

Am 6. 2. 1919 tritt in Weimar die gewählte **Nationalversammlung** mit **Friedrich Ebert** als vorläufigem Reichspräsidenten zusammen. Sie nimmt am 11. 8. 1919 die neue **Reichsverfassung** an. Deutschland wird parlamentarische Republik mit dem Reichstag als Gesetzgebungsorgan, einem auf 7 Jahre vom Volk gewählten Reichspräsidenten und einem vom Vertrauen des Reichstages abhängigen Reichskanzler mit Reichsministern. Ein Reichsrat aus Vertretern der Landesregierungen hat kaum Bedeutung. Artikel 61 sieht die Vereinigung mit Deutsch-Österreich vor, muß aber später auf Befehl der Sieger entfernt werden.

Im Sommer 1919 ruft der von Frankreich finanzierte Separatist Dorten die selbständige **Rheinland-Republik** aus, kann jedoch vertrieben werden. Im Herbst 1919 müssen die freiwilligen deutschen Truppen, die auf Ersuchen der baltischen Länder das Baltikum erfolgreich gegen die Bolschewisten verteidigt haben, auf Befehl der Westmächte das Land räumen. Als im Frühjahr 1920 erneut deutsche Truppen einen kommunistischen Aufstand im Ruhrgebiet niederschlagen, fühlt sich **Frankreich** bedroht und **besetzt den Maingau** mit Frankfurt, Homburg und Darmstadt, um so das Rheinland vom Reich zu trennen. Im Februar 1920 übergeben die Westmächte die im Versailler Diktat vorgesehene Liste mit deutschen ›**Kriegsverbrechern**‹ mit der Forderung ihrer Auslieferung. Das Leipziger Reichsgericht läßt es nicht dazu kommen. Ebenso verweigert die holländische Königin standhaft die Auslieferung des in Holland lebenden Wilhelm II., so daß es nicht zum Schauprozeß gegen den deutschen Kaiser kommt. Auf Konferenzen 1920/21 wird die von Deutschland zu zahlende **Kriegsentschädigung** auf 226 Milliarden Goldmark, zahlbar in 42 Jahren, festgesetzt, bei Verzug werden Gewaltmaßnahmen angedroht. Wegen angeblichen Zahlungsverzuges werden im März 1921 Düsseldorf, Duisburg, Mülheim und Oberhausen von Franzosen besetzt. Ein deutscher Antrag auf Stundung der Zahlungen wird abgelehnt, im Juli 1922 die alliierte Finanzkontrolle über Deutschland eingeführt. Im März 1922 muß zur Niederwerfung eines kommunistischen Aufstandes über ganz Sachsen der Ausnahmezustand verhängt werden.

KAMPF UM DEUTSCHES LAND *1919–1921*

Bei der im Versailler Diktat vorgesehenen **Abstimmung in Westpreußen** stimmen am 11. 7. 1920 über 92 %, in **Ostpreußen** über 97 % für Deutschland. Der in **Oberschlesien** vorgesehenen Abstimmung versuchen die Polen durch einen Aufstand 1919 zuvorzukommen. Er kann vom deutschen Grenzschutz niedergeschlagen werden. Anfang 1920 wird Oberschlesien von alliierten Truppen zur Vorbereitung der Abstimmung besetzt. Von den Franzosen geduldet, erheben sich die Polen im August 1920 erneut, um Oberschlesien dem Reich zu entreißen. Trotz polnischen Terrors und Verfolgung der Deutschen stimmen am 20.3. 1921 60 % für Deutschland. Daraufhin erfolgt am 2. 5. 1921 ein weiterer polnischer Aufstand, polnische Insurgenten besetzen, wieder von den Franzosen geduldet, einen Teil des Landes. Deutsche Freikorps (Oberland, Ehrhardt) kämpfen gegen die Eindringlinge, erstürmen am 21. 5. 1921 den **Annaberg** und vertreiben die eingedrungenen Polen aus dem Land. Auf Druck der Alliierten müssen die Freikorps das befreite Schlesien räumen. Im Oktober 1921 entscheidet der Völkerbund gegen das klare Abstimmungsergebnis, daß Ostoberschlesien, ein Drittel des Abstimmungsgebietes, mit seinen reichen Steinkohlengebieten an Polen abzutreten ist.

Slowenische Truppen versuchen 1919/20, Teile von **Kärnten** und **Steiermark** zu erobern. Klagenfurt wird kurzzeitig besetzt. Kärntner und steirische Heimatschutzverbände verteidigen ihre Heimat. Die Südsteiermark wird im Friedensdiktat ohne Abstimmung Jugoslawien zugeschlagen. Eine **Abstimmung in Kärnten** am 10. 10. 1920 ergibt trotz Terrors jugoslawischer Besatzungstruppen die Mehrheit für Österreich und wird beachtet. Nachdem am 24. 4. 1921 in **Nordtirol** 98 %, am 29. 5. 1921 in **Salzburg** 99 % für den Anschluß an das Deutsche Reich gestimmt haben, werden weitere Abstimmungen in Österreich von den Alliierten verboten, andernfalls eine Hungerblockade angedroht.

Die sudetendeutschen Landstände haben bereits im Oktober 1918 sich als Teil Deutsch-Österreichs erklärt. Dennoch besetzen schon im Herbst 1918 tschechische Truppen das **Sudetenland**, das sich im Vertrauen auf einen gerechten Frieden nicht verteidigt. Bei friedlichen Demonstrationen im ganzen Sudetenland für das Selbstbestimmungsrecht werden allein am 4. 3. 1919 54 Deutsche von Tschechen erschossen, darunter 20 Frauen. Gegen den klar geäußerten Willen der Bevölkerung wird das Sudetenland im Friedensdiktat mit 3 Millionen Deutschen der neugebildeten Tschecho-Slowakei zugeschlagen.

Italienische Truppen besetzen nach dem Waffenstillstand **Südtirol,** das im Friedensdiktat ohne Abstimmung Italien zugeschlagen wird. Eine Italienisierung des fast rein deutschen Landes setzt ein, besonders brutal unter dem faschistischen Regime ab 1922. Orts-Vor- und Hausnamen werden italienisiert, selbst Grabinschriften geändert, deutsche Schulen werden verboten. Italienische Industriearbeiter werden ins Land gezogen, so daß der Bevölkerungsanteil

118

der Deutschen von 95 % 1918 sinkt, doch stets über 50 % bleibt. Die Bevölkerung kämpft um ihr Deutschtum und bleibt ihm treu.

UNTER DEM VERSAILLER DIKTAT 1923–1930

Am 11. 1. 1923 besetzt **Frankreich** widerrechtlich zur Kontrolle der Kohlelieferungen das **Ruhrgebiet** (bis 1925). Die Reichsregierung ruft dagegen zum passiven Widerstand auf, den die Bevölkerung großartig durchführt. Eisenbahn, Post, Licht, Heizung fallen aus. Über 10 000 Deutsche werden von den Franzosen verhaftet, über 100 getötet, darunter **Albert Leo Schlageter** am 26. 5. 1923. Die Abdrosselung des Ruhrgebietes läßt die deutsche Wirtschaft zusammenbrechen und die **Inflation** anschnellen: 1 Dollar ist schließlich über 3 Billion Mark wert. Im August 1923 gibt der neue Reichskanzler Stresemann den passiven Widerstand auf. Durch Einführung der Rentenmark können die Finanzen stabilisiert werden. Frankreich läßt noch einmal durch Separatisten in Aachen die selbständige **Rheinlandrepublik** ausrufen. Doch hier wie in der von Franzosen besetzten Pfalz verjagt, erschlägt oder verbrennt (Pirmasens 14. 2. 1924) das Volk die Landesverräter. Die Einheit des Reichs kann gewahrt werden.

Im **Dawes-Plan** wird Deutschland 1924 ganz der Finanzverwaltung der Alliierten unterstellt; die Eisenbahnen, bestimmte Zölle und Steuern werden den Siegern verpfändet; Gesamthöhe und -zahlzeit der Kriegskosten werden zu weiterer Erpressung offen gelassen. Im **Locarno-Vertrag** garantieren 1925 die Westmächte die deutsche Westgrenze. Entgegen ihren Versprechungen in Versailles und im Völkerbund rüsten sie nicht ab, dringen jedoch verstärkt auf Deutschlands Abrüstung. Erst nachdem im Reich auch Polizei und Jugendbünde entmilitarisiert sind, verlassen die Franzosen Ende 1926 das Kölner Gebiet. Im **Young-Plan** werden 1929 die Gesamtkriegskosten für Deutschland auf 114 Milliarden Mark festgesetzt, zahlbar in 59 Jahren, also bis 1988. Erst nach seiner Annahme soll die Besetzung des Rheinlandes beendet werden und das Reich seine Finanzhoheit zurückerhalten. Trotz dieser ungeheuren Forderung nimmt die Reichsregierung gegen den Widerstand der Nationalen den Young-Plan an.

So bringen die zwanziger Jahre unter dem Druck des Versailler Diktates wirtschaftliche Not, Massenarbeitlosigkeit, den Ruin des Bürgertums in der Inflation, marxistische Aufstände, Verhaftungen und Todesurteile durch die Sieger, die Verschuldung der Landwirtschaft und ein erschreckendes Absinken der Geburtenzahlen. ›Golden‹ sind sie nur für ganz kleine Kreise des Schaugeschäftes und des Handels. Die rasch wechselnden Regierungen können wegen der Uneinsichtigkeit und Rachsucht der Sieger weder innen- noch außenpolitische Erfolge erzielen und sind nicht willensstark genug, die Forderungen der Alliierten abzulehnen. Auch die Bemühungen **Stresemanns als Außenminister** (1923–1929) bleiben ohne wirklichen Erfolg, obwohl er im Franzosen Briand einen verständigeren Partner findet. Den ruhenden Pol des Staates bildet der **Reichspräsident**, **Friedrich Ebert** bis zu seinem Tod 1925, dann **Generalfeldmarschall von Hindenburg** bis zu seinem Tod 1934. 1926 wird Deutschland nach demütigender Wartezeit in den **Völkerbund** aufgenommen. Die Hoffnung, dadurch die Knebelung zu erleichtern, erfüllt sich nicht. Die Errichtung einer deutsch-österreichischen Zollunion wird 1931 vom Völkerbund verboten.

DIE WEIMARER DEMOKRATIE

Durch die Beseitigung der Monarchie im Reich und in den einzelnen deutschen Ländern im November 1918 wird **Deutschland Republik.** Die Weimarer Verfassung sieht einen zentraleren Staat als vorher vor und läßt alle Gewalt vom Volk ausgehen. Praktisch bestimmen die **Parteien**, die denen vor dem Weltkrieg ähneln: das katholisch ausgerichtete Zentrum; die marxistischen Sozialdemokraten, Unabhängige und Kommunisten; die konservative Deutschnationale Volkspartei; die liberale Deutsche Volkspartei; die fortschrittliche Deutsche Demokratische Partei; die Bayrische Volkspartei; später wachsend die NSDAP; daneben zahlreiche kleinere Parteien. Die unterschiedliche Einstellung zur November-Revolution und zur Erfüllung des Versailler Diktates verschärft den Gegensatz zwischen den Parteien. Durch die unnachgiebige Haltung der Sieger ist der Spielraum der Regierung klein. Häufige Wechsel der Regierung schwächen ihre Stellung weiter. Kommunistische Aufstände und Einfälle im Osten können nur mit Hilfe der von den Regierungen mißtrauisch betrachteten Reichswehr, Freikorps und Frontkämpferbünde niedergehalten werden. Ab Ende der 20er Jahre müssen die Reichskanzler jahrelang gegen das Parlament mit **Notverordnungen** regieren.

Gegen die Haltung des Außenministers von Brockdorff-Rantzau, der sich Frontkämpfer, Freikorps und Nationalisten anschließen, die unerträglichen Forderungen der Sieger nicht zu erfüllen und selbst Schlimmstes für eine bessere Zukunft zu ertragen, setzt sich die von SPD und Zentrum getragene Meinung Erzbergers durch, alles anzunehmen. Gegen diese ›**Erfüllungspolitik**‹ der Reichsregierung gegenüber den Siegermächten wenden sich ohne Erfolg der **Kapp-Putsch** 1920 und der **Hitler-Putsch** 1923. Im August 1921 wird Erzberger erschossen, im Juni 1922 der amtierende Außenminister Rathenau. Diese Morde an Juden steigern den Haß zwischen den beiden Lagern in Deutschland und führen zu scharfen Maßnahmen gegen rechte Gruppen. Große Teile der deutschen Bevölkerung, vor allem aus dem in der Inflation verarmten Bürgertum, wenden sich gegen die Regierung und übertragen ihre Ablehnung auch auf die Regierungsform der parlamentarischen Demokratie. Dazu trägt bei, daß gerade von den Demokratien der westlichen Sieger die Ausbeutung Deutschlands vorgenommen wird. Der Abbruch des erfolgreich verlaufenen passiven Widerstandes an der Ruhr gegen die Franzosen durch den von der SPD herbeigeführten Sturz des Kanzlers des passiven Widerstandes **Cuno** im August 1923 wird weithin als Verrat angesehen und bedeutet eine weitere Lähmung des deutschen Volkes und Vertiefung der inneren Spaltung.

Als die wirtschaftliche Lage nicht gemeistert werden kann, die Zahl der Arbeitslosen 1932 auf über 6 Millionen ansteigt, eine neue Welle kommunistischer Aufstände bevorzustehen scheint, die Appelle an die Westmächte wenig Erfolg zeigen, zerbricht die Weimarer Demokratie daran und an der Unfähigkeit der sie tragenden Parteien.

DAS ENDE DER WEIMARER DEMOKRATIE

Im Herbst 1929 wird die Lage in Deutschland durch die **Weltwirtschaftskrise** verschärft, eine große Arbeitslosigkeit beginnt. Die vorher zur Zahlung der Reparationskosten gewährten Kredite werden vom Ausland kurzfristig gekündigt und führen zum Zusammenbruch wichtiger Banken und zur Erschütterung der Volkswirtschaft. Der seit März 1930 ohne Parlamentsmehrheit regierende **Reichskanzler Brüning** vom Zentrum versucht dennoch, die Reparationszahlungen, insbesondere den Young-Plan, zu erfüllen, und greift deswegen zu drakonischen Steuererhöhungen, Gehaltskürzungen, Arbeitszeitverlängerungen und zur Herabsetzung der Arbeitslosengelder. Innerhalb eines Jahres kann er so 7,2 Milliarden Mark aus Deutschland für das Ausland herauspressen.

Die **NSDAP** hat 1928 bei den Reichtagswahlen 800 000 Stimmen erhalten, im September 1930 6,4 Millionen. Im Januar 1930 ist in Thüringen eine nationalsozialistische Landesregierung gebildet, im Januar 1931 in Bremen ein Bürgerschaftspräsident der NSDAP gewählt worden. Am 11. 10. 1931 schließen sich Hitler von der NSDAP, Seldte vom Stahlhelm und Hugenberg von der Deutschnationalen Volkspartei in der ›**Harzburger Front**‹ gegen die Erfüllung des Young-Planes zusammen mit dem Nahziel, den ›Erfüllungspolitiker‹ Brüning zu stürzen. Bei der Reichspräsidentenwahl am 10. 4. 1932 erhält der schon seit 1925 amtierende Hindenburg 19,3, Hitler 13,4 Millionen Stimmen. Als Reichskanzler Brüning daraufhin SA und SS verbieten läßt, erringt die NSDAP bei den Landtagswahlen in Preußen und Bayern große Erfolge und wird stärkste Partei. Der ohne Mehrheit im Reichstag nur als ›Beauftragter‹ des Reichspräsidenten durch Notverordnungen regierende **Kanzler Brüning** wird von Hindenburg aus innenpolitischen Gründen am 30. 5. 1932 **entlassen**. Der Reichspräsident ernennt **von Papen** zum Kanzler, der sich auf Kreise aus der Industrie und der Reichswehr stützen kann. Dieser beseitigt im Juli 1932 die sozialdemokratische Regierung unter Braun und Severing in Preußen und übernimmt als Reichskommissar selbst dieses Amt. Er löst den Reichstag auf. Bei den Neuwahlen erringt die NSDAP am 31. 7. 1932 fast 14 Millionen Stimmen und 230 Reichstagssitze und wird damit stärkste Partei. Hitler lehnt das Angebot des Amtes des Vizekanzlers unter dem Kanzler von Papen ab. Da über 90 % der Abgeordneten gegen den Kanzler von Papen stimmen, löst dieser den Reichstag wieder auf. Die Neuwahl am 6. 11. 1932 bringt der NSDAP 2 Millionen Stimmen weniger, den Kommunisten 700 000 mehr. Da Papen auch jetzt keine Mehrheit findet, tritt er im Dezember zurück. Darauf wird **General Schleicher** zum Kanzler ernannt; er tritt wegen fehlender Mehrheit am 28. 1. 1933 zurück. Verhandlungen von Papens in Hindenburgs Auftrag ergeben, daß nun Hugenberg und Seldte bereit sind, in ein Kabinett unter Hitler einzutreten. Daraufhin beruft der Reichspräsident am 30. 1. 1933 **Adolf Hitler** als Führer der stärksten Partei zum **Reichskanzler.**

DEUTSCHLAND 1933

In **Hitlers Regierung** gehören von acht Ministern nur zwei, Göring und Frick, der NSDAP an. Die NSDAP ist zwar stärkste Partei, besitzt aber nicht die Mehrheit im Reichstag, der auf Hitlers Wunsch aufgelöst wird. Die Neuwahl am 5. 3. 1933 bringt der NSDAP mit 44 % nicht die Mehrheit, der SPD 18 %, der KPD 12 % und den mitregierenden Deutschnationalen 8 %. Kurz vorher ist am 27. 2. der Reichstag von einem holländischen Kommunisten angezündet worden. Daraufhin erläßt Hindenburg die ›Verordnung zum Schutze von Volk und Staat‹, die **KPD** wird **verboten**, ihre Führer werden in dazu eingerichtete Konzentrationslager gebracht. Am 21. 3. 1933 wird der Reichstag in der Garnisonskirche von Potsdam in bewußter Anknüpfung an Preußens Größe von Hindenburg feierlich eröffnet und mit Hitlers programmatischer Rede eingeleitet. Am 23. 3. stimmt der Reichstag mit 441 Stimmen gegen die 94 Stimmen der SPD dem ›Ermächtigungsgesetz‹ zu, das der Regierung Hitler für vier Jahre erlaubt, Gesetze ohne Reichstag und Reichsrat zu erlassen. Damit hat das Parlament dem Reichskanzler Hitler nahezu unbegrenzte Vollmacht gegeben.

Im Juni 1933 wird die **SPD verboten,** alle anderen Parteien lösen sich selbst auf. Die Neugründung von Parteien wird verboten. Nach der Neuwahl des Reichstages am 12. 11. 1933 sind dort nur noch NSDAP-Abgeordnete vertreten. Im Juni 1933 verläßt Hugenberg die Regierung, in die mit Heß, Goebbels und Röhm weitere NSDAP-Minister eingetreten sind. Durch das **Gleichschaltungsgesetz** werden die alten Landtage aufgelöst, durch das Statthaltergesetz die Länder in ihrer Selbständigkeit beschnitten. Am 1. Mai 1933 wird die Überwindung des Klassenkampfes durch die Volksgemeinschaft gefeiert, der 1. Mai als ›**Tag der Arbeit**‹ zum nationalen Feiertag erklärt. Am 2. Mai 1933 werden die Häuser der marxistischen Gewerkschaften besetzt, diese Gewerkschaften aufgelöst und durch die Deutsche Arbeitsfront ersetzt. Die übrigen Gewerkschaften schließen sich dieser an. Weiterhin politisch aktive Gegner werden in KZs inhaftiert. Ohne ernsthaften Widerstand sind so innerhalb weniger Monate die Parteien und Gruppenverbände der Weimarer Republik verschwunden. In der Volksabstimmung am 12. 11. 1933 bekennen sich 95,1 % der Wähler zur Politik der Regierung.

Gegen die Arbeitslosigkeit wird die Wirtschaft ständisch geordnet und im Juni 1933 mit dem Bau der **Reichsautobahn** begonnen. Die Landwirtschaft wird durch Gründung des **Reichsnährstandes** und das Erbhofgesetz vom 29. 9. 1933 entschuldet und gefördert. Das **Winterhilfswerk** und das Hilfswerk ›Mutter und Kind‹ werden zur Linderung sozialer Not gegründet. Die geistigen Berufe werden in der Reichskulturkammer zusammengefaßt, die Jugendlichen in der Hitler-Jugend. Das **Führerprinzip** wird überall eingeführt.

Mit dem Vatikan wird 1933 ein **Reichskonkordat** abgeschlossen. Nachdem am 24. 3. 1933 in der englischen Zeitung *Daily Express* ein Artikel mit der Überschrift »Judäa erklärt Deutschland den Krieg« erschienen ist, kommt es am 1. 4. 1933 einen Tag lang zu Boykotten gegenüber jüdischen Geschäften in Deutschland. Antisemitische Bestrebungen in der NSDAP nehmen zu, den Juden wird die Auswanderung nahegelegt.

AUSSENPOLITIK DES DRITTEN REICHES

Am 17. 5. 1933 hält Hitler seine ›**Friedensrede**‹ gegen Kriegsbefürchtungen in Frankreich und England, die Entspannung bringt. Da der Völkerbund dem Reich die Gleichberechtigung versagt, tritt Hitler im Oktober 1933 aus ihm aus. Am 26. 1. 1934 schließt Deutschland einen zehnjährigen **Nichtangriffspakt mit Polen.** Das **Saargebiet** bekennt sich am 13. 1. 1935 bei der in Versailles vorgesehenen Abstimmung zu 90,8 % für Deutschland und kehrt ins Reich zurück. Nach Vermehrung der Streitkräfte der Westmächte und Rußlands erklärt Hitler am 16. 3. 1935 die Einführung der allgemeinen Wehrpflicht und den Beginn des deutschen Flugzeugbaues. Die Westmächte protestieren schwach. Im Juni 1935 schließt Deutschland mit England ein Flottenabkommen, das eine deutsche Kriegsflotte bis zur Stärke von 35 % der englischen und U-Boote erlaubt. Am 7. 3. 1936 rücken deutsche Truppen in das entmilitarisierte Rheinland ein. Die Internationalisierung der deutschen Ströme wird von Deutschland am 14. 11. 1936, die Verpfändung der Eisenbahn und der Reichsbank an die Siegermächte am 30.1.1937 aufgehoben. Gleichzeitig wird das **Bekenntnis der deutschen Alleinschuld am Ersten Weltkrieg**, die schon im Auftrag der Weimarer Regierung von internationalen Historikern widerlegt war, **widerrufen**. Damit sind entscheidende Bestimmungen des Versailler Diktates von Hitler aufgehoben, ohne daß die Sieger dagegen eingeschritten sind. Der Vorwurf der Nationalen gegen die Weimarer ›Erfüllungspolitiker‹ scheint damit nachträglich gerechtfertigt.

1937 besucht Mussolini Hitler in Berlin, und beide begründen die ›**Achsenpolitik**‹. Italien tritt dem zwischen Deutschland und Japan gegen den Bolschewismus gegründeten Antikominternpakt bei.

Wirtschaftliche Not lassen in Österreich die Forderung nach dem Anschluß an das Reich wachsen. Als es dort unter Kanzler Schuschnigg wegen einer kurzfristig angesetzten Volksabstimmung zu einer Regierungskrise mit drohendem Bürgerkrieg kommt, läßt Hitler am 12. 3. 1938 in Österreich einmarschieren. Im ›Blumenfeldzug‹ kommt es unter großem Jubel der Bevölkerung zum **Anschluß der Ostmark an das Reich**. Nachträglich sprechen sich bei einer Volksabstimmung in Deutschland 99,1 %, in Österreich 99,7 % für den Anschluß aus.

Eine alliierte Kommision unter dem Engländer Runciman rät nach längerem Besuch des **Sudetenlandes** im September 1938 dringend, den 3,5 Millionen Sudetendeutschen den Anschluß an das Reich zu gewähren. Auf Forderung Frankreichs und Englands stimmt die tschechische Regierung der Abtretung am 21. 9. 1938 zu. Im **Münchener Abkommen** werden am 29./30. 9. 1938 die Einzelheiten geregelt. Nachdem dann Polen und Ungarn Teile der Tschechei besetzt haben und die Slowakei sich selbständig erklärt hat, unterstellt der tschechische Staatspräsident Hacha mit Vollmacht seiner Regierung am 15. 3.1939 in Berlin sein Land deutscher Oberhoheit. Deutsche Truppen marschieren ein, das **Protektorat Böhmen und Mähren** wird gegründet. Am 23. 3. 1939 gibt Litauen in einem Vertrag das Memelgebiet an das Reich zurück.

INNENPOLITIK DES DRITTEN REICHES

In kurzer Zeit kann nach dem Regierungsantritt Hitlers die Arbeitslosenzahl von über 6 auf unter 1,5 Millionen herabgedrückt und später ganz beseitigt werden. Der Klassenkampfgedanke wird durch die
Idee der Volksgemeinschaft überwunden. Freiwillige soziale Leistungen nehmen zu. Das erweckt mit den eintretenden außenpolitischen Erfolgen und der Befreiung vom Versailler Diktat einen großen Zukunftsoptimismus. Sichtbar schlägt sich das auch in der **Ge-
burtenzahl** nieder, die nach dem laufend stärkeren Absinken während der Weimarer Zeit ab 1934 sprunghaft und stark zunimmt. Die
zahlreichen Erklärungen Hitlers, nur das Versailler Unrecht beseitigen und in einer ringsum aufrüstenden Welt dennoch Frieden halten
zu wollen, erscheinen glaubhaft. Das Fehlen einer Opposition, einer
Kontrolle der Regierung und der herrschenden Partei, die Gleich-
schaltung aller Berufsorganisationen, die Inhaftierung aktiver poli-
tischer Gegner, gelegentliche Verstöße gegen das Rechtsstaatsprin-
zip werden für die sonstigen Besserungen in Kauf genommen. Auch
die ohne Gerichtsverfahren am 30. 6. 1934 erschossenen SA-Führer
um Röhm werden als bedauerliche, aber unvermeidliche Blutopfer
der sonst friedlichen Revolution angesehen, deren Tod eine sonst wohl
unvermeidbare blutige Machtprobe zwischen Wehrmacht und SA
verhindert. Nach Hindenburgs Tod am 2.8.1934 übernimmt **Hitler**
auch das Amt des **Reichspräsidenten** und wird damit Staatsober-
haupt und Befehlshaber der Wehrmacht, die er gleich auf sich verei-
digen läßt. Eine Volksabstimmung am 19. 8. 1934 billigt das mit 90 %
der Stimmen.

Die **Nürnberger Gesetze** von 1935 unterscheiden zwischen vol-
len Reichsbürgern deutschen Blutes und Staatsangehörigen auch art-
fremden Blutes. Ehen zwischen Deutschen und Juden werden verboten. Als Reaktion auf die Ermordung eines deutschen Diplomaten in
Paris durch den Juden Grünspan ereignen sich am 9. 11. 1938 (›**Kri-
stallnacht**‹) antisemitische Ausschreitungen, bei denen zahlreiche
Synagogen zerstört werden. Bestrebungen der Reichsregierung, die
Juden, vor allem die nach dem Weltkrieg zu Hunderttausenden aus
Osteuropa eingewanderten Ostjuden, zurückzuschicken oder in ein
anderes Land umzusiedeln, scheitern an der Weigerung Polens und
anderer Länder, die Juden aufzunehmen. England weigert sich, in

seiner Kolonie Palästina den seit dem Weltkrieg versprochenen Judenstaat einzurichten, und verhindert die Landung jüdischer Auswanderungsschiffe. Deutsche Vorschläge, dann in Ostafrika oder auf Madagaskar einen Judenstaat zu gründen, werden von den Westmächten und Judenorganisationen hintertrieben und dann vom ausbrechenden Zweiten Weltkrieg überholt. Später werden im Reich und aus den eroberten Gebieten **Juden in KZs inhaftiert.** Viele kommen darin um. Art und Ausmaß der ›Endlösung‹ der Judenfrage, insbesondere die Zahlen der in den KZs und von Einsatzgruppen ermordeten Juden – Hunderttausende bis mehr als 6 Millionen –, sind sehr umstritten. Sicher ist, daß es auf reichsdeutschem Boden keine Vernichtungslager mit Massenvergasungen gegeben hat.

DER AUSBRUCH DES ZWEITEN WELTKRIEGES

Deutschlands Wiederbewaffnung und eigenmächtige Revision des Versailler Diktates erwecken bei den Westmächten wachsendes Mißtrauen. Entgegen ihren Zusagen im Völkerbund rüsten sie weiter auf. Frankreich schließt Bündnisse mit Jugoslawien, Rumänien und der Tschechei und 1936 einen Sicherheitspakt mit Rußland. England verbündet sich mit Frankreich, beide führen ab 1935 laufend gemeinsame Generalstabsbesprechungen durch. Nach dem deutschen Einmarsch in Prag 1939 gibt **England Beistands- und Garantieerklärungen für Polen,** Rumänien, Griechenland und die Türkei ab. Ungarn schließt sich Deutschland an.

Hitlers Vorschlag an Polen vom Herbst 1938 und Frühjahr 1939, Deutschland solle als letzte Revision des Versailler Diktates das deutsche **Danzig** und eine freie Straße und Eisenbahn durch den seit Versailles polnischen Korridor nach Ostpreußen, Polen dafür in Danzig einen Freihafen und einen Nichtangriffspakt für 25 Jahre erhalten, wird von Polen im Vertrauen auf die englische Garantie abgelehnt. Die Verfolgung Deutscher in Polen mit Ermordungen und Verschleppung in polnische KZs (Beresa Kortuska) verstärkt sich. Eine Einladung zu Gesprächen nach Berlin wird von Polen nicht angenommen. Am 23. 8. 1939 schließt Deutschland einen **Nichtangriffs- und Wirtschaftsvertrag mit Rußland** und kommt damit schon in Moskau weilenden englischen und französischen Unterhändlern zu-

127

vor. Am 25.8. erneuert England seine Garantie für Polen und schließt einen Beistandspakt mit ihm, der sich ausdrücklich gegen Deutschland richtet. Danach drängt Polen noch offener zum Krieg und geht auf die Einladung vom 29.8. zu Gesprächen in Berlin nicht ein. Auch andere Versuche zur Vermittlung scheitern, vor allem an der Überheblichkeit und Siegesgewißheit der auf den Schutz der Westmächte hoffenden Polen, die die Generalmobilmachung durchführen. Daraufhin marschiert am Morgen des 1. 9. 1939 die deutsche Wehrmacht in Polen ein. Hitler hofft auf einen **begrenzten Krieg nur gegen Polen.** Doch am 3. 9. erklären **England und Frankreich Deutschland den Krieg,** nachdem Deutschland ihre Forderung, vor weiteren Verhandlungen die Truppen aus Polen ganz zurückzuziehen, nicht erfüllt hat.

Nicht unbeteiligt am Kriegsausbruch ist US-Präsident **Roosevelt,** der zwar seine Wiederwahl im Herbst 1940 mit dem Versprechen gewinnt, die USA aus dem Krieg herauszuhalten, dennoch schon vorher England zum Krieg gegen Deutschland ermuntert, mit Gütern hilft und den Kriegseintritt der USA in Aussicht stellt. Zum zweitenmal innerhalb von 25 Jahren hat somit **England,** ohne direkt berührt zu sein, Deutschland den Krieg erklärt. Hitlers Angebot vom 25. 8. 1939, den Bestand des englischen Empires mit deutscher Hilfe zu erhalten, wird abgelehnt. Hitlers Hoffnung, mit den artverwandten Engländern zu einem Bündnis zu kommen, erfüllt sich nicht. England sieht in Deutschland den Konkurrenten in Europa und auf dem Weltmarkt und betreibt den Krieg, der ihm seine Kolonien und seine Weltgeltung nimmt. Es hofft zu Beginn auf einen Umsturz in Deutschland, der ihm von deutschen Gegnern Hitlers garantiert ist, aber nicht eintritt. Der lokale Krieg mit Polen wird so zum Weltkrieg erweitert.

DER ZWEITE WELTKRIEG 1939–1945

1939/40: Polen wird in drei Wochen erobert. Die zum Einmarsch in Danzig und Ostpreußen aufmarschierte polnische Armee wird umzingelt und geschlagen. Warschau kapituliert am 27. 9. 1939. Ab 17. 9. besetzen die Russen Ostpolen. Kurz vor Eintreffen der deutschen Truppen werden viele Volksdeutsche von Polen ermordet, allein in Bromberg am 3. 9., dem ›**Bromberger Blutsonntag**‹, über 1000.

Hitlers Friedensangebot vom 6. 10. an die Westmächte wird abgelehnt. Am 9. 4. 1940 besetzen deutsche Truppen **Dänemark** und **Norwegen** und kommen in Norwegen knapp einer schon auslaufenden englischen Landungsflotte zuvor. In Narvik und bei Drontheim gelandete Engländer werden bis 8.6. vertrieben. Am 10. 6. gibt Norwegen den Widerstand auf, sein König geht nach England. In Dänemark bleibt die alte Regierung, in Norwegen wird der deutschfreundliche Major Quisling Regierungschef.

Am 10. 5. 1940 marschieren die Deutschen in **Holland** und **Belgien** ein. Nach Einnahme Rotterdams kapituliert Holland am 14. 5., Belgien am 28. 5. nach Umzingelung seines Heeres in Flandern. Hitler läßt 300 000 Mann englischer Hilfstruppen aus dem umzingelten **Dünkirchen** nach England fliehen in der Hoffnung, dadurch England zum Frieden zu bewegen. Über Aisne, Seine und Marne vorstoßend, nehmen die Deutschen am 14. 6. **Paris** ein. Gleichzeitig wird die für uneinnehmbar gehaltene **Maginotlinie** durchbrochen: Am 15. 6. fällt Verdun, die Schicksalsfestung des Ersten Weltkrieges. Eine unter **Marschall Pétain** gebildete neue französische Regierung trennt sich von England und sucht am 17. 6. um Waffenstillstand nach, der am 22. 6. ohne die Franzosen entehrende Umstände, im Gegensatz zu den 1918 den Deutschen gebotenen, im Walde von Compiègne unterzeichnet wird. Nord- und Ostfrankreich und die Atlantikküste werden von Deutschen besetzt, von der Loire bis zum Mittelmeer bleibt Frankreich unter **Pétain in Vichy** selbständig. Die französische Kriegsflotte braucht nicht ausgeliefert zu werden, sie wird später von den Engländern beschossen und versenkt. Hervorragenden Anteil am Blitzfeldzug hat die neue Panzerwaffe unter General Guderian.

Hitlers erneutes Friedensangebot an England vom 19. 7. 1940 wird wieder abgelehnt. England verhängt am 17. 8. 1940 die totale Blockade gegen Deutschland.

Im November 1940 fordert der **russische Außenminister in Berlin,** nachdem die Russen in Finnland, Estland, Lettland und Litauen eingedrungen sind und von Rumänien Bessarabien und die Nordbukowina annektiert haben, von Deutschland die Duldung russischen Einmarsches in Rumänien und in die Türkei, was Hitler ablehnt.

Ungarn, Rumänien, Bulgarien und die Slowakei schließen sich dem am 27.9. 1940 in Berlin geschlossenen Dreimächte-Pakt Deutschland––Italien–Japan an. US-Präsident Roosevelt, am 5. 11. 1940 wiedergewählt, unterstützt offen England, unter anderem durch Überlassung von 50 Zerstörern und Kriegsmaterial nach Änderung eines dem entgegenstehenden Gesetzes von 1935.

1941: Am 25. 3.1941 tritt Jugoslawien dem Dreimächtepakt bei. Zwei Tage später kommt in Belgrad durch Putsch eine rußlandfreundliche Regierung zur Macht. Daraufhin dringen deutsche Truppen in **Jugoslawien** ein, das am 17. 4. kapituliert. Im Herbst 1940 hat Italien entgegen deutschen Warnungen von Albanien aus Griechenland ohne Erfolg angegriffen, da letzteres durch Engländer von Kreta aus unterstützt wird. Durch Jugoslawien dringen nun Deutsche in **Griechenland** ein, das am 23. 4. 1941 kapituliert. **Kreta** wird den Engländern durch deutsche Fallschirmjäger vom 20. 5. bis 1. 6. entrissen.

Am 10.5. fliegt **Rudolf Heß** als Stellvertreter des Führers nach England, um zu einem Frieden zu kommen. Er wird nicht angehört, sondern inhaftiert. Am 22. 6. 1941 beginnt der deutsche **Angriff gegen Rußland,** dem sich Finnland, Ungarn, Rumänien und die Slowakei anschließen. Er kommt einem geplanten russischen Angriff auf Deutschland zuvor. Innerhalb weniger Monate können in großen Kesselschlachten mehrere russische Armeen vernichtet, über 4 Millionen Gefangene gemacht werden. Im Herbst stehen die Deutschen vor Leningrad und Moskau, auf der Krim und am Asowschen Meer. In weiten Teilen Rußlands, vor allem in der Ukraine, werden die Deutschen als Befreier vom Bolschewismus begrüßt. Der frühe Einbruch eines strengen Winters stoppt den weiteren Vormarsch an der Stadtgrenze von Moskau. Den in **Nordafrika** von den Engländern bedrängten Italienern kommt im Februar 1941 das deutsche **Afrika-Korps unter Rommel** zu Hilfe, das die Engländer zurückwirft und später Tobruk erobert.

Am 7. 12. 1941 vernichten die Japaner einen Teil der US-Flotte durch Bomben in **Pearl Harbor** (Hawaii)und erklären den USA den Krieg. Deutschland und Italien folgen am 11. 12. 1941.

1942: Der Sommer 1942 bringt das größte Ausmaß deutscher Eroberungen. Im Osten dringen die Deutschen nach Eroberung der Seefestung Sewastopol bis zum Kaukasus vor, auf dessen höchstem Gipfel, dem Elbrus, die deutsche Fahne gesetzt wird. In Nordafrika wird Rommels Vormarsch erst bei **El Alamein**, 100 km vor Alexandria aufgehalten, von wo die Deutschen sich Ende Oktober nach einer Niederlage zurückziehen müssen. Nach der Landung englisch-amerikanischer Truppen in Nordafrika im November 1942 muß sich das Afrika-Korps bis Mai 1943 ganz aus Afrika zurückziehen bzw. als Rest kapitulieren.

Im November 1942 wird um **Stalingrad** eine deutsche Armee von 300 000 Mann eingeschlossen. Die Kaukasusarmee muß zurückgezogen werden. Damit beginnt der Rückzug im Osten. In Rußland beginnt nach Deportationen von Arbeitskräften und unwürdiger Behandlung der Bevölkerung, besonders der Juden, ein grausamer **Partisanenkrieg** gegen die deutschen Truppen, ebenso in den Bergen Jugoslawiens. Auch in Frankreich bilden sich Widerstandsgruppen. Die deutsche U-Boot-Waffe hat zunächst große Erfolge und versenkt enorme Tonnagen von Versorgungsschiffen der USA für England und Rußland. Durch die Entschlüsselung des deutschen Geheimcodes und die später entwickelte Radarortung erleiden die U-Boote dann große Verluste. Es gelingt nicht, England von den Zufuhren abzuschneiden. Der alliierte **Bombenterror** gegen die deutsche Zivilbevölkerung nimmt zu.

1943: Nach der Kapitulation der 6. deutschen Armee in **Stalingrad** am 2. 2. 1943 muß die Front im Osten weiter zurückgenommen werden und erleidet Einbrüche. Zum Mißlingen deutscher Offensiven im Osten trägt der **Verrat** hoher deutscher Generalstabsoffiziere bei.

Am 10. 7. landen die Alliierten auf **Sizilien** und besetzen es. Mussolini wird am 25. 7. verhaftet. Am 3. und 9.9. landen die Alliierten in Süditalien. Daraufhin **kapituliert Italiens Regierung** am 8. 9. bedingungslos und wird Deutschlands Gegner. Mittelitalien kann bis Sommer 1944 von den Deutschen gehalten werden.

Im Januar beschließen Roosevelt und Churchill in **Casablanca**, den Krieg bis zur bedingungslosen Kapitulation der Achsenmächte zu führen. Bei der Konferenz in **Teheran** im November wird zwischen Stalin, Roosevelt und Churchill die Endphase des Krieges besprochen.

1944: Anfang 1944 hat die russische Armee die polnische Grenze erreicht, dringt in Rumänien ein, erreicht im April die Tschechei, erobert im Sommer Teile des Baltikums. Nach einem Staatsstreich fällt **Rumänien** am 23. 8. vom Dreimächtepakt ab. Am 19. 9. schließt **Finnland**, am 28. 10. Bulgarien Waffenstillstand mit Rußland. **Griechenland** wird daraufhin bis zum November von den Deutschen geräumt. In Italien wird nach langen Schlachten um den **Monte Cassino** die deutsche Front nach kampfloser Aufgabe Roms am 4. 6. bis zum Apennin zurückgenommen und dort bis zum Kriegsende gehalten. Am 6. 6. **landen die Alliierten in Nordfrankreich,** am 15. 8. in Südfrankreich. Paris wird am 25. 8. unverteidigt von den Deutschen geräumt. Bis zum Winter erreichen die Alliierten die deutsche Grenze auf der Linie Trier–Aachen, wo durch die deutsche Ardennen-Offensive die Alliierten noch einmal kurzzeitig zurückgeworfen werden. Der **Bombenterror** gegen die deutschen Städte erreicht seinen Höhepunkt, fast keine Stadt bleibt unversehrt. Dennoch erreicht er nicht sein Ziel, die deutsche Zivilbevölkerung zu zermürben und zu Streiks oder Aufständen gegen die Reichsregierung zu veranlassen. Die deutsche Rüstungsproduktion erreicht um die Wende 1944/45 ihren größten Ausstoß. Die durch Verrat ermöglichte Bombardierung der deutschen V-Waffen-Entwicklungsstätte in **Peenemünde** verzögert und hindert den Einsatz der V1 und V2 gegen England.

Am 20. Juli wird von **Oberst Stauffenberg** ein erfolgloses Attentat mit einer Bombe auf Hitler in dessen Hauptquartier bei Rastenburg in Ostpreußen durchgeführt. Ein weitverzweigter Widerstandskreis wird entdeckt und abgeurteilt.

1945: Mitte Januar beginnt ein großer Angriff der Russen auf die seit Monaten zäh verteidigte Front am großen Weichselbogen. Ostpreußen, das westliche Polen und Schlesien werden von den Russen langsam erobert. **Königsberg, Danzig** und **Breslau** werden noch längere Zeit verteidigt, Breslau bis Kriegsende. Ende März kommt der russische Angriff an der Oder noch einmal kurzzeitig zum Stehen. Bei der mehrtägigen anglo-amerikanischen **Bombardierung** des schon mit Flüchtlingen überfüllten **Dresden** kommen am 13./14. 2. mehr als 200 000 Menschen in dem Flammenmeer um. In **Jalta** beschließen vom 4. bis 11. 2. Stalin, Roosevelt und Churchill die Aufteilung Deutschlands in Besatzungszonen, die Verwaltung der deutschen Ostgebiete durch Polen und Rußland, die Trennung Österreichs vom Reich, die Vertreibung der Deutschen aus Osteuropa und bekräftigen die bedingungslose Kapitulation.

Mit dem Einbruch der Russen in Ostdeutschland bricht für die Zivilbevölkerung, die sich nicht früh genug nach Westen retten konnte, eine **furchtbare Zeit der Mißhandlung und Not** an. Viele Trecks nach Westen werden im Winter von der Front überrollt, Hunderttausende fallen dem zum Opfer. Einige der aus dem Baltikum und von Ostpreußen auslaufenden Schiffe voller Flüchtlinge werden in der Ostsee von den Alliierten versenkt.

Am 7. 3. überschreiten die Westalliierten den Rhein und besetzen im April West- und Süddeutschland. Die russischen Spitzen erreichen am 20. 4. Berlin und vereinigen sich am 25. 4. mit den Amerikanern bei **Torgau** an der Elbe. Die amerikanische Front wird auf Befehl Eisenhowers auf der Linie Leipzig–Karlsbad—Budweis angehalten, um den Russen die Eroberung von Berlin und Wien zu überlassen. **Hitler erschießt sich** am 30. 4. im eingeschlossenen Berlin, das nach schweren Kämpfen am 2. 5. von den Russen eingenommen wird.

Vorher hat Hitler **Großadmiral Dönitz** zum Reichspräsidenten und zu seinem Nachfolger ernannt. Dieser versucht von Flensburg-Mürwik aus mit einer ›**geschäftsführenden Reichsregierung**‹ unter Vorsitz von **Graf von Schwerin-Krosigk** den Waffenstillstand einzuleiten und dabei möglichst viel Zeit zu gewinnen, um die Millionentrecks aus dem Osten vor den Russen zu retten. Am 4. 5. wird die **Teilkapitulation** der deutschen Truppen in Holland, Norddeutschland und Dänemark gegenüber den Engländern in Lüneburg unterzeichnet, wonach die noch andauernden Fliegerangriffe auf die aus dem Osten herbeiströmenden Flüchtlingskolonnen unterbleiben. Am selben Tag kapitulieren die deutschen Truppen in Süddeutschland. Am 5. Mai laufen noch einmal alle verfügbaren deutschen Kriegsschiffe aus und retten allein von der Halbinsel Hela bei Danzig über 40 000 Flüchtlinge. Am 8. Mai verlassen die letzten deutschen Schiffe Kurland mit über 30 000 Flüchtlingen an Bord.

Eine Teilkapitulation der ganzen Westfront mit anschließender verstärkter Verteidigung gegen die Russen scheitert am rußlandfreundlichen amerikanischen Oberbefehlshaber Eisenhower, der ultimativ die sofortige bedingungslose **Gesamtkapitulation** fordert, die dann am 7. 5. in Reims für den Westen, am 9. 5. in Berlin für den Osten unterzeichnet wird. Darin kapituliert die deutsche Wehrmacht, nicht das Deutsche Reich. Die Reichsregierung bleibt im Amt. Ab 9. 5.

schweigen in Europa die Kriegswaffen. Das Morden geht jedoch weiter. In den folgenden Jahren nach der Kapitulation werden von den Siegermächten, vor allem im Osten, mehr Deutsche umgebracht, als im gesamten Krieg gefallen oder von Bomben getötet sind.

DEUTSCHLAND UNTER ALLIIERTER BESATZUNG 1945

Nach der Kapitulation der Wehrmacht versucht die **Reichsregierung unter Dönitz** von Flensburg-Mürwik aus, durch Vorschläge an die Alliierten, vor allem das Ernährungsproblem zu lösen, die Not der Flüchtlinge zu lindern und die Einheit des Reiches zu wahren. Eine gerichtliche Untersuchung der Vorkommnisse in den KZs wird vorbereitet. Nach dieser anfänglichen Zusammenarbeit mit den Siegern wird am 23. 5. auf Drängen der Sowjets und Amerikaner die **Reichsregierung** unter entwürdigenden Umständen **verhaftet** und für abgesetzt erklärt. Am 5. 6. übernehmen die Alliierten offiziell mit der Berliner Erklärung die Verwaltung in Deutschland auf allen Ebenen und setzen fest: »Deutschland unterwirft sich allen Forderungen, die ihm jetzt oder später auferlegt werden.« Der in Berlin tagende **Alliierte Kontrollrat** übernimmt Aufgaben und Verantwortung der Reichsregierung.

Vom 17. 7. bis 2. 8. 1945 findet ohne deutsche Beteiligung die **Potsdamer Konferenz** der ›Großen Drei‹ Stalin, Truman und Churchill – ab 29. 7. durch Attlee ersetzt – statt, die die Beschlüsse von Jalta im einzelnen festlegt. Im Potsdamer Protokoll wird für Deutschland festgelegt: gründliche Entnazifizierung und Entmilitarisierung; Umerziehung zu demokratischer Ordnung; keine Erlaubnis einer Reichsregierung, sondern Wahrnehmung deren Aufgabe durch den Kontrollrat; Aufteilung in die vier Besatzungszonen unter Beibehaltung der Wirtschaftseinheit Deutschlands in den Grenzen vom 31. 12. 1937; Aufteilung Berlins in vier Zonen; Unterstellung von Nordostpreußen unter russische, der deutschen Gebiete östlich von Oder und Neiße unter polnische Verwaltung; Offenhaltung der Frage der polnischen Westgrenze bis zum Friedensvertrag; Ausweisung der Deutschen »auf geregelte und humane Weise« aus Ungarn, Polen und der Tschechoslowakei; Aburteilung der Kriegsverbrecher; Reparationen durch weitgehende Demontage bestehender Werke; Ausarbeitung eines Friedensvertrages durch die Außenminister. Seiner Form nach stellt das Postdamer Protokoll nur eine Absprache, keinen völkerrechtlichen Vertrag dar. Am 1. Juli ziehen die Amerikaner sich auf Befehl Eisenhowers aus dem von ihnen eroberten **Sachsen und Thüringen** zurück und überlassen Land und Leute den Russen. Nach der Kapitulation vor den Russen nach Westen flüchtende deutsche Soldaten und Zivilisten werden von den Amerikanern vielfach den Russen wieder ausgeliefert.

Die deutschen Soldaten kommen in Ost und West in zum Teil jahrelange **Gefangenenlager**, die am Rhein und vor allem in Frankreich gefürchtete Todeslager werden. Allein auf dem **Balkan** werden nach der Kapitulation über 200 000 deutsche Soldaten grausam umgebracht. Rund 1,2 Millionen Soldaten kommen jetzt erst in russische Gefangenschaft, in der die allermeisten umkommen. Im **Sudetenland** werden bei der Vertreibung über 250 000, in Jugoslawien über 130 000 deutsche Zivilisten ermordet. Auf der Flucht und bei der Vertreibung der über 15 Millionen Deutschen kommen mehr als 2,3 Millionen Zivilisten um. Die arbeitsfähigen **Siebenbürger Sachsen** werden von Rumänien zur Zwangsarbeit nach Rußland deportiert, von wo die meisten nicht zurückkehren.

Entnazifizierung und Umerziehung

Nach der Kollektivschuldthese werden alle, auch kleinste Funktionsträger von NS-Organisationen in **automatischem Arrest** in große Lager gesperrt. Beamte verlieren Stellung, Versorgungs- und Pensionsansprüche. Wissenschaftler werden nach USA und Rußland verschleppt. Später müssen alle Deutsche über 18 Jahre den berüchtigten **Fragebogen** mit über 130 Fragen ausfüllen, ohne den es keine Lebensmittelkarten, Ausweise, Arbeit gibt. Ein ›Befreiungsministerium‹ führt ab Frühjahr 1946 die **Entnazifizierungsverfahren** vor Spruchkammern für Hunderttausende mit Freiheits- und Vermögensstrafen, Berufsverbot und Pensionsverlusten durch. Das Denunziantentum blüht, der Persilschein wird begehrt. Ungeahnte Mengen innerer Widerständler tauchen auf. Noch Ende 1950 gelingt es der

Bundesregierung nicht, die Länder zu einer Beendigung der Entnazifizierungspraxis zu bewegen. Den Besatzungstruppen wird jeder menschliche Kontakt zur Bevölkerung streng untersagt. Diese Non-Fraternization wird erst im Herbst 1946 gelockert.

In London werden vom 26. 6. bis 8. 8.1945 die Statuten des **Internationalen Militärtribunals** festgelegt, das am 20. 11. 1945 den l. Prozeß gegen die 24 ›Hauptkriegsverbrecher‹ in Nürnberg eröffnet und am 30. 9. /1. 10. 1946 die Urteile verkündet. Die Amerikaner führen anschließend noch weitere 12 Prozesse gegen leitende Militärs, Wirtschaftler, Diplomaten und Ärzte durch. Hunderte von Todesurteile werden vollstreckt. Hauptanklagepunkte sind Verschwörung und Verbrechen gegen den Frieden, Verstöße gegen Kriegsrecht und Kriegssitten und Verbrechen gegen die Menschlichkeit. In mindestens vier Grundsatzpunkten verstößt das IMT gegen althergebrachtes europäisches Recht: Verschwörung und Verbrechen gegen den Frieden werden als neue Delikte ins Strafrecht eingeführt; die angewendeten Strafgesetze sind erst nach Tatvollzug erlassen; die Sieger als eine Partei schaffen die Gerichtsverfassung und stellen sowohl Ankläger als auch Richter ohne Neutrale; es gibt keine Berufungsinstanz. Daß die Arbeit der Verteidiger erschwert, viel Entlastungsmaterial nicht zugelassen, der Hinweis auf Verbrechen der Sieger untersagt wird, zeigt, daß es sich beim IMT um reine Haß- und Rachejustiz handelt.

Parallel zur Entnazifizierung beginnt die **Umerziehung** (Reeducation) zu friedlicher und demokratischer Gesinnung mit in Potsdam beschlossener **mehrjähriger Hungerstrafe** für alle Deutschen bei Tagesrationen von unter 1000 Kalorien, in der französischen Zone gar unter 800 Kalorien. Beim Schwarzmarkt und ›Hamstern‹ müssen die letzten geretteten Wertsachen zur Erhaltung des Lebens gegen Nahrungsmittel eingetauscht werden. Während im ganzen Krieg in Deutschland nicht gehungert zu werden brauchte, wächst die Sterblichkeit durch Unterernährung bei Kindern und Alten erschreckend. Demontage, Betriebs- und Produktionsverbote zerstören die kriegsgeschwächte Wirtschaft. Mit oft übertriebenen KZ-Greueln wird wirkungsvoll die von den Alliierten verkündete Kollektivschuld- und die Alleinkriegsschuldthese der Deutschen im Volk verankert. Lizenzierte und oft von Emigranten geleitete Massenmedien übernehmen voll die Propaganda der Sieger.

GRÜNDUNG DEUTSCHER TEILSTAATEN

Im Juni 1945 werden in der Sowjetzone, im Herbst in den Westzonen **Lizenzparteien** zugelassen. Es entstehen CDU, SPD, KPD, FDP. Am 21. 4. 1946 schließen sich in Berlin KPD und SPD der Sowjetzone zur SED zusammen. Über Deutschland und Österreich wird auf der **Friedenskonferenz in Paris** vom 29. 7. bis 15. 10. 1946 und auf mehreren nachfolgenden Außenministerkonferenzen keine Einigung unter den Siegern erzielt. Am 22. 12. 1946 wird das **Saargebiet** von der französischen Zone abgetrennt und Frankreich wirtschaftlich und währungsmäßig angeschlossen. Im Herbst 1946 finden in den Westzonen Landtagswahlen statt. USA und England schließen ihre Zonen am 2. 12. 1946 zur **Bizone** (am 1. 1. 1947 wirksam) zusammen, im März 1949 schließt Frankreich seine Zone zur **Trizone** an. In den Westzonen wird aus den Länderregierungen ein Wirtschaftsrat und ein Staatsrat gebildet. In der Sowjetzone wird im September 1945 eine **Bodenreform** aller Ländereien über 100 ha eingeleitet, bei der rund 3 Millionen ha an Kleinbauern vergeben werden. Ab 1952 folgt dann die Kollektivierung zu LPGs mit Enteignung des Privatbesitzes am Boden.

Seit 1947 verschärft sich der Kalte Krieg zwischen West und Ost, und Deutschland wird für die Westmächte wieder interessant. Sie erlauben die längst fällige **Währungsreform,** die, vom Wirtschaftsrat unter Ludwig Erhard vorbereitet, am 20. 6. 1948 durchgeführt wird, wobei auch gegen den alliierten Willen die Planwirtschaft beendet und die soziale Marktwirtschaft eingeleitet wird. Die Sowjetzone führt die Währungsreform am 24. 6. 1948 durch. Als in den Westsektoren Berlins die neue Westmark eingeführt wird, kommt es **zur totalen Blockade** der Stadt durch die Russen, die bis Mai 1949 dauert und durch die **US-Luftbrücke** ausgehalten werden kann. Ab Dezember 1948 gibt es in West- und Ostberlin getrennte Magistrate und Verwaltungen.

Auf Weisung der Westmächte nimmt am 1. 9. 1948 der **Parlamentarische Rat** unter Vorsitz von **Konrad Adenauer** in Bonn die Ausarbeitung des Grundgesetzes auf, das am 8. 5. 1949 verabschiedet und am 23. 5. 1949 verkündet wird und in Kraft tritt. Danach ist die Bundesrepublik Deutschland ein demokratischer und sozialer Rechtsstaat mit föderativer Länderordnung. Am 14. 8. 1949 finden die ersten Bundestagswahlen statt. Am 12. 9. wird **Theodor Heuss** (FDP) zum ersten Bundespräsidenten, am 15. 9. 1949 **Konrad Adenauer** (CDU) mit einer Stimme Mehrheit zum ersten Bundeskanzler gewählt. Der Bundespräsident erklärt am 2. 5. 1952 das **Deutschland-Lied** mit allen drei Strophen zur Nationalhymne, Bundesfarben werden Schwarz-rot-gold.

Am 7. 10. 1949 wird in Ostberlin die ›**DDR**‹ gegründet mit Wilhelm Pieck als Präsident, Otto Grotewohl als Ministerpräsident und Walter Ulbricht, ab 1950 Parteisekretär, als Stellvertreter. **Österreich** hat bereits 1945 als »von der Naziherrschaft befreites Volk« eine Zentralregierung in Wien erhalten, die sich geschickt gegen alle Teilungsabsichten des auch in vier Zonen geteilten Landes wendet und am 15. 5. 1955 im Staatsvertrag einen freien neutralen Staat erreichen kann, dem ein Anschluß an Deutschland verboten ist.

DIE BUNDESREPUBLIK DEUTSCHLAND 1949–1952

Hauptaufgabe der Bundesregierung ist die Ankurbelung der noch immer durch Demontage zerstörten Wirtschaft, die Eingliederung der 13 Millionen Flüchtlinge und Vertriebenen, der Wiederaufbau der zerbombten Städte. Erst 1950 hört die **Demontage** in Westdeutschland auf, wo anfangs die Westmächte auch den Russen zu demontieren erlaubt haben. Im großen sozialen Werk des **Lastenausgleichs** wird der Vermögensverlust durch Kriegs- und Nachkriegseinwirkungen auf alle Westdeutschen verteilt. Die Besatzungskosten müssen von den einzelnen deutschen Gebieten getragen werden. Sie machen im Bundesetat 1951/52 allein 40% der Ausgaben aus. Durch Betriebs-, Produktions- und Forschungsbeschränkungen von seiten der Alliierten kann die Wirtschaft sich erst langsam erholen. Der Raub aller deutschen Patente und Erfindungen durch die Sieger stellt einen ungeheuren Verlust und Rückschlag dar.

Der Korea-Krieg im Sommer 1950 verschärft den **Kalten Krieg** zwischen Rußland und den Westmächten. Diese erkennen, daß sie im Zweiten Weltkrieg »das falsche Schwein geschlachtet« (Churchill) haben und beginnen nun, Westdeutschland verstärkt in ihre Wirtschafts- und Verteidigungsgemeinschaft einzubauen. Bundeskanzler

Adenauer betreibt diesen Weg energisch gegen den Widerstand der SPD-Opposition. 1950 wird Westdeutschland in den **Straßburger Europarat** aufgenonmmen, dann in weitere westeuropäische Einrichtungen. Im Oktober 1950 beginnt in Bonn das Amt Blank mit der **Wiederaufrüstung** des entmilitarisierten und umerzogenen Westdeutschlands im Rahmen der US-Politik der Stärke gegen Rußland. Am 26. 5. 1952 wird im **Generalvertrag** der Kriegszustand mit den Westmächten beendet und eine Scheinsouveränität unter dem Besatzungsstatut erreicht. Aus den Besatzungstruppen werden Sicherheitskräfte, die Bonn weiterhin bezahlen muß. Um die Wiederaufrüstung Westdeutschlands zu verhindern, unterbreitet Rußland ab 1952 mehrere **Vorschläge zur Wiedervereinigung** eines neutralisierten Deutschlands mit einer Zentralregierung, die aber vom Bundeskanzler und den Westmächten zurückgewiesen werden. Die stärkere Bindung an den Westen vertieft die deutsche Spaltung.

Am 18. 4. 1951 gründen Frankreich, Italien, die Beneluxstaaten und Westdeutschland die **Europäische Gemeinschaft** für Kohle und Stahl mit dem Sitz der Hohen Behörde der Montanunion in Luxemburg. Ein 1952 von den Außenministem dieser EG-Staaten unterzeichneter Vertrag über die Europäische Verteidigungsgemeinschaft (EVG) wird vom französischen Parlament 1954 abgelehnt und so nicht wirksam.

Unter Wirtschaftsminister Ludwig Erhard (1949–1963) setzt aufgrund seiner sozialen Marktwirtschaft mit Freisetzung der Privatinitiative ein enormes Wirtschaftswachstum ein, das, zunächst mit US-Marshallplan-Geldern angekurbelt, in den späten 50er Jahren sich zum **Wirtschaftswunder** ausweitet. Nach Verbot der SRP 1952 und der KPD 1956 durch das Bundesverfassungsgericht, Einführung der 5%-Wahlklausel, Zerfall von DP und BHE sind ab 1961 nur noch CDU/CSU, SPD und FDP im Bundestag vertreten.

DIE WEITERE ÄRA ADENAUER 1953–1963

Am **17. Juni 1953** erhebt sich die Bevölkerung in Ostberlin und über 200 Orten Mitteldeutschlands gegen das Pankower Regime und die Sowjetherrschaft. Vom Westen im Stich gelassen, bricht der Aufstand mit über 500 Toten im Feuer der Roten Armee zusammen. Die Fluchtbewegung aus der von Rußland ausgebeuteten Sowjetzone wird dann mit über 10 000 Flüchtlingen pro Monat so groß, daß die ›DDR‹ am 13. 8. 1961 in Berlin den Ostsektor durch eine **Mauer** und die Zonengrenze durch den **Todesstreifen** abriegelt. 1962 führt die ›DDR‹ die allgemeine Wehrpflicht ein.

Im Herbst 1954 werden die **Pariser Verträge** zur Beendigung des Besatzungsstatuts in Westdeutschland und die Aufnahme Westdeutschlands in die NATO vorbereitet. Zur Verhinderung dieser Verträge bietet Rußland noch einmal die deutsche Wiedervereinigung und freie Wahlen an und erklärt am 25. 1. 1955 den Kriegszustand mit Deutschland für beendet. Das Angebot wird abgelehnt, die Pariser Verträge treten am 5. 5. 1955 in Kraft und geben Westdeutschland einen weiteren Teil an Souveränität. Die Alliierten behalten sich eine Reihe von Sonderrechten und Eingriffsmöglichkeiten vor. In Berlin herrschen weiter die vier Militärregierungen. Am 9. 5. 1955 **tritt Westdeutschland der NATO bei.** Daraufhin wird vom 11.–14. 5. 1955 der Warschauer Pakt als Verteidigungsbündnis des Ostblocks einschließlich Mitteldeutschlands gegründet. Die deutschen Teile sind in Ost- und Westblock fest integriert.

Westdeutschland vertritt weiterhin das **Alleinvertretungsrecht** für ganz Deutschland und spricht der ›DDR‹ die Staatlichkeit ab. Die Hallstein-Doktrin erklärt jeden Staat für unfreundlich, der mit dem Pankower Regime offizielle Verbindung aufnimmt. Dadurch bleibt Mitteldeutschland weitgehend vom internationalen Leben ausgeschlossen. Die Bonner Regierung erkennt weitgehend die **Kollektivschuldthese** und die **Alleinschuld Deutschlands am Zweiten Weltkrieg** an, führt Kriegsverbrecherprozesse durch und leistet in den folgenden Jahrzehnten über 100 Milliarden DM **Wiedergutmachung** an meist jüdische Einzelpersonen und Organisationen. Mitteldeutschland und Österreich weisen alle derartigen Ansprüche an sie erfolgreich ab.

Gegen die Empfehlung Bundeskanzler Adenauers lehnt die Bevölkerung des Saargebietes, das sich seit 1946 im französischen Staatsverband befindet, am 23. 10. 1955 mit 68% das **Saarstatut** für eine Europäisierung des Saargebietes ab und bekennt sich damit zur Rückkehr zu Deutschland, die am 1. 1. 1957 erfolgt.

Gegen die neue Entspannungspolitik des US-Präsidenten Kennedy (1960–1963) verbündet sich Bundeskanzler Adenauer stärker mit

Frankreich. Adenauers Besuch in Paris im Juli, de Gaulles Besuch in Deutschland im September 1962 bereiten den **deutsch-französischen Vertrag** vom 22. 1. 1963 vor. Auf immer stärker werdenden Druck aus seiner eigenen Partei, der CDU, hin tritt Bundeskanzler Adenauer am 11. 10. 1963 nach über 14 Jahren der Kanzlerschaft zurück.

DIE BUNDESREPUBLIK AUF NEUEM KURS

Der bisherige Wirtschaftsminister und Vater des Wirtschaftswunders **Ludwig Erhard** wird Adenauers Nachfolger als Bundeskanzler (1963–1966). Er verläßt Adenauers Kurs enger Zusammenarbeit mit Frankreich und nähert sich mehr den USA. Am 24. 11. 1964 wird die **NPD als Partei der nationalen Sammlung** gegründet. Sie gewinnt bei den folgenden Landtagswahlen bis zu fast 10 % der Stimmen (Baden-Württemberg 1968), bleibt bei der Bundestagswahl 1969 jedoch mit 4,3 % unter der 5 %-Hürde und verliert dann an Bedeutung. Durch Austritt der FDP-Minister wird das Kabinett Erhard am 27. 10. 1966 gestürzt. Am 1. 12. 1966 bildet Kurt Georg Kiesinger (CDU) eine **Große Koalition** aus CDU und SPD mit Willy Brandt (SPD) als Außenminister und Herbert Wehner (SPD) als Minister für gesamtdeutsche Fragen. In der Regierungserklärung vom 13. 12. 1966 wird das Münchener Abkommen von 1938 als nicht mehr gültig bezeichnet. Am 29. 5. 1968 werden die Notstandsgesetze angenommen, die die Aktionen der linken APO verschärfen und turbulente Jahre an den Hochschulen einleiten. Die Wahl **Gustav Heinemanns** (SPD) zum Bundespräsidenten am 5. 3. 1969 und die Bildung der SPD-FDP-Koalition unter **Bundeskanzler Brandt** nach der Bundestagswahl am 28. 9. 1969 setzen den innenpolitischen Machtwechsel und die außenpolitische Kursänderung in Richtung der Erfüllung der Forderungen des Ostblocks fort. In der Regierungserklärung vom 28. 10. 1969 spricht Brandt von zwei Staaten in Deutschland. Am 12. 8. 1970 wird von Bundeskanzler Brandt und Außenminister Scheel der von Bahr ausgehandelte **Moskauer Vertrag** unterzeichnet, der die europäischen Grenzen, damit auch die Oder-Neiße-Linie, als unverletzlich erklärt. Am 7. 12. 1970 wird von Brandt der **Warschauer Vertrag** mit vorläufiger Anerkennung der Oder-Neiße-Linie als polnischer Westgrenze unterzeichnet und mit einem Kniefall vor dem polnischen Ehrenmal verbunden. Nachdem die Pankower Regierung bereits am 6. 7. 1950 die Oder-Neiße-Linie als ›Friedensgrenze‹ anerkannt hat, hat mit dem Warschauer Vertrag auch Bonn den deutschen Anspruch auf Ostdeutschland gemindert. Der Bundestag ratifiziert diese Ostverträge am 17. 5. 1972 durch Stimmenthaltung der CDU bei wenigen Gegenstimmen mit der Erklärung, daß die endgültigen Grenzfestlegungen einem Friedensvertrag vorbehalten bleiben. Bundeskanzler Brandt und ›DDR‹-Ministerpräsident Stoph treffen sich am 19. 3. 1970 in Erfurt und am 21. 5. 1970 in Kassel zu deutschdeutschen Gesprächen, in denen die ›DDR‹ ihre staatliche Anerkennung zu erreichen versucht. Am 21. 12. 1972 wird in Ostberlin ein **»Vertrag über die Grundlagen der Beziehungen«** zwischen West- und Mitteldeutschland unterzeichnet, in dem praktisch die Anerkennung mehrerer deutscher Staaten vereinbart wird. Ein vom westdeutschen Unterhändler Bahr überreichter Brief »zur deutschen Einheit« hat keine völkerrechtliche Bedeutung. Die bis dahin in der Welt kaum anerkannte ›DDR‹ wird bald von fast allen Staaten diplomatisch anerkannt. Das Bundesverfassungsgericht stellt am 31. 7. 1973 zum Grundvertrag fest, daß das **Deutsche Reich von 1937 noch fortbesteht** und die innerdeutsche wie die Oder-Neiße-Linie keine Staatsgrenzen sind. Nur mit dieser Auslegung sei der Grundvertrag verfassungskonform. Mit dem **Prager Vertrag** vom 11. 12. 1973, dem der Bundesrat seine Zustimmung verweigert, wird von Bonn das Münchener Abkommen vom September 1938 für null und nichtig erklärt, die Grenze »jetzt und in der Zukunft« als unverletzlich festgelegt und ein völkerrechtlich berechtigter deutscher Gebietsanspruch »auch in der Zukunft« ausgeschlossen. Bundeskanzler Brandt tritt am 6. 5. 1974 zurück, nachdem nicht mehr zu verheimlichen ist, daß sein persönlicher Referent Günter Guillaume Agent des ›DDR‹-Staatssicherheitsdienstes ist und dies schon jahrelang bekannt war. Neuer Bundeskanzler wird am 15. 5. 1974 der bisherige Wirtschaftsminister **Helmut Schmidt** (SPD), sein Außenminister wird der bisherige Innenminister Hans-Dietrich Genscher (FDP). Als Nachfolger Heinemanns wird am 15. 5. 1974 **Walter Scheel** (FDP), der frühere Außenminister, zum Bundespräsidenten gewählt.

Die neue Bundesregierung setzt die bisherige Entspannungspolitik fort. In Mitteldeutschland tritt am 7. 10. 1974 eine Verfassungsänderung in Kraft, wodurch die Worte ›deutsche Nation‹, ›deutsch‹, ›Deutsche‹ aus der Verfassung entfernt werden und die ›DDR‹ sich »für immer und unwiderruflich mit der UdSSR verbündet«. Anfang August 1975 findet in Helsinki die Abschlußsitzung der von der UdSSR seit Jahren betriebenen KSZE (Konferenz über Sicherheit und Zusammenarbeit in Europa) mit Unterzeichnung mehrerer Dokumente statt. Die Konferenz mit ihren Abkommen über Friedensabsichten und Garantien der Menschenrechte wird im Westen zunächst als Schritt auf dem Weg der Entspannungspolitik zum Frieden angesehen, erweist sich jedoch bald als alleiniger russischer Erfolg bei der endgültigen Anerkennung der Eroberungen im und seit dem Zweiten Weltkrieg. Wettrüsten und Unterdrückung von Minderheiten gehen weiter.

Nach Absprachen in Helsinki werden am 9. 10. 1975 in Warschau von Bundesaußenminister Genscher mehrere **Abkommen mit Polen** unterzeichnet zu Rentenfragen, über einen Milliardenkredit an Polen und über langfristige wirtschaftliche und technische Zusammenarbeit. In einem Zusatzprotokoll erklärt sich Polen bereit, in den nächsten vier Jahren etwa 125 000 Personen die Ausreise zu gewähren, damit nur einem Bruchteil der noch in den Ostgebieten wohnenden Deutschen. Trotz Ablehnung durch den Bundesrat am 7. 11. 1975 treten die Abkommen in Kraft.

Bei der Bundestagswahl 1976 behalten die SPD und FDP gerade die Mehrheit, die sie bei der folgenden Bundestagswahl am 5. 10. 1980 noch ausbauen können. Bundeskanzler Schmidt und Außenminister Genscher bleiben im Amt. Wenige Tage nach der Wahl erhöht die ›DDR‹ im Oktober 1980 drastisch die Zwangsumtauschquoten für Besucher Mitteldeutschlands und Ostberlins und erschwert auch mit weiteren Maßnahmen die Verbindung zwischen beiden Teilen Deutschlands. Am 11. 12. 1981 fährt Bundeskanzler Schmidt zu einem dreitägigen offiziellen Besuch in die DDR, trifft mehrmals Staats- und Parteichef Honecker und verlängert fällige Kredite. Die durch den russischen Einmarsch in Afghanistan schon erschütterte sogenannte Entspannungspolitik kann als gescheitert gelten. Am 23. 5. 1979 ist mit **Carl Carstens** (CDU) seit längerer Zeit wieder ein Politiker der Opposition zum Bundespräsidenten gewählt worden. Am 25. 12. 1980 stirbt **Großadmiral Karl Dönitz,** der letzte Reichspräsident des Deutschen Reiches; Bundes- und Länderregierung verweigern nicht nur jede Ehrenbezeugung, sondern verbieten allen Bundeswehrangehörigen die Teilnahme an der Trauerfeier in Uniform.

Seit Beginn der 70er Jahre nimmt der **Geburtenrückgang** in allen Teilen Deutschlands, vor allem im Westen, erschreckende Ausmaße an. Westdeutschland weist für Jahrzehnte das größte Geburtendefizit der Welt auf. Dennoch werden dagegen keine bevölkerungspolitischen Maßnahmen eingeleitet. Dank staatlicher Vorsorge verläuft die Geburtenentwicklung in der ›DDR‹ seit Ende der 70er Jahre wieder günstiger.

Gleichzeitig mit dem Absinken der eigenen Bevölkerungszahl steigt, zunächst staatlich gefördert, der **Ausländeranteil** in Westdeutschland erheblich, vor allem durch türkische Zuwanderer. Im September 1973 leben 2,6 Millionen Fremdarbeiter in Westdeutschland. Trotz Anwerbestopp steigt die Zahl der Ausländer durch Familiennachzug auf über 4,2 Millionen. Hinzu kommen ab 1979/80 Hunderttausende von Asylbewerbern, vor allem aus Pakistan und Ostafrika. In Berlin und Frankfurt entstehen große Ausländerghettos. Den drohenden sozialen und gesellschaftspolitischen Konfliktstoff versucht die Bundesregierung ohne Erfolg durch eine Politik der Integration der Ausländer in das deutsche Volk abzubauen.

Anfang 1981 künden sich mit sinkender Konjunktur, zunehmendem Außenhandelsdefizit, wachsender Arbeitslosenzahl wirtschaftlich schlechtere Zeiten an. Der im vergangenen Jahrzehnt trotz guter Wirtschaftslage auf die enorme Höhe von über 400 Milliarden DM angewachsene Schuldenberg bietet eine schlechte Ausgangslage für die Bundesrepublik Deutschland.

DEUTSCHE SPALTUNG

Bis Kriegsbeginn 1939 sind völkerrechtlich und allgemein anerkannt an das Deutsche Reich zurückgekehrt: das Saarland, Österreich, das Sudetenland und das Memelland. Am 1. 9. 1939 erklärt die Freie Stadt Danzig sich als Teil des Deutschen Reiches.

Im Londoner Protokoll vom 12. 9. 1944 verpflichten sich USA, Großbritannien und die Sowjetunion, daß Deutschland innerhalb seiner Grenzen vom 31. 12. 1937 – also ohne Österreich, Sudetenland und Memel – zum Zweck der Besatzung in vier Zonen eingeteilt wird, als

Ganzes erhalten bleibt. Am 7. bzw. 9. 5. 1945 kapituliert die deutsche Wehrmacht, nicht das Reich. Die Reichsregierung bleibt im Amt, und die Sieger verkehren mit ihr bis zu ihrer Verhaftung am 23. 5. 1945. In der Berliner Erklärung vom 5. 6. 1945 stellen die Sieger fest, daß die Übernahme der Regierungsgewalt und -befugnisse keine Annexion deutscher Gebiete bedeute. Der gefangene Reichspräsident Karl Dönitz legt im Juli 1945 Rechtsverwahrung bei den Siegern ein, indem er feststellt, daß das Deutsche Reich weiterbesteht, nur die Reichsregierung von den Alliierten an ihrer Tätigkeit durch die Gefangennahme gehindert werde. Auch im Potsdamer Abkommen vom 2. 8. 1945 werden keine Annexionen beschlossen; die Gebiete östlich von Oder und Neiße werden nur vorläufig polnischer bzw. russischer Verwaltung unterstellt.

Die Gründung deutscher Teilstaaten als Provisorien **hebt das Deutsche Reich nicht auf.** Im Grundgesetz vom 8. 5. 1949 wird in der Präambel die Wiedervereinigung Deutschlands als wichtigste Aufgabe bezeichnet: »**Das gesamte Deutsche Volk bleibt aufgefordert, in freier Selbstbestimmung die Einheit und Freiheit Deutschlands zu vollenden.**« Wer für die Spaltung handelt oder spricht, handelt also verfassungswidrig.

Das Grundgesetz hat in einigen Artikeln die willkürliche alliierte Festsetzung der Grenzen vom Stichtag 31. 12. 1937 übernommen. Völkerrechtlich wirksam sind jedoch die vom 31. 8. 1939.

Im Abkommen der Alliierten über Berlin vom 3.9.1971 wird die Gesamtverantwortung der vier Mächte für Deutschland als Ganzes erneut bestätigt. Die Verträge von Moskau, Warschau und Prag ändern daran nichts, die endgültige Grenzregelung bleibt einem Friedensvertrag vorbehalten. Das Bundesverfassungsgericht stellt am 31. 7. 1973 im Urteil zum Grundvertrag fest: »**Das Deutsche Reich existiert fort, besitzt nach wie vor Rechtsfähigkeit.** . . Die Deutsche Demokratische Republik gehört zu Deutschland und kann nicht als Ausland angesehen werden . . . Die Wiedervereinigung ist ein verfassungsrechtliches Gebot.« Die Grenze zur ›DDR‹ wird rechtlich wie eine solche zwischen westdeutschen Bundesländern erkannt. In seinem Beschluß vom 7. 7. 1975 zu den Ostverträgen erklärt das Bundesverfassungsgericht, daß die deutschen Grenzen vom 31. 12. 1937 noch gelten und daß durch die Ostverträge oder vorher die Ostgebiete nicht »aus der rechtlichen Zugehörigkeit zu Deutschland entlassen« sind. Abmachungen der Bundesrepublik wie der ›DDR‹ ersetzen keine Friedensregelung und nehmen sie nicht vorweg. Deshalb besteht das Deutsche Reich weiterhin mindestens in seinen Grenzen vom 31. 8. 1939.

DIE NEUE CDU-FDP-KOALITION

Zwar wird am 5. 11. 1980 Helmut Schmidt noch einmal zum Bundeskanzler einer sozialliberalen Koalition gewählt, doch nach innenpolitischen Schwierigkeiten –Arbeitslosenquote um 8 %, jährliche Nettoneuverschuldungen um 30 Milliarden DM – wird diese am 17. 9. 1982 nach dem Rücktritt der vier FDP-Minister von ihm gekündigt. Am 1. 10. 1982 gelingt CDU/CSU und FDP mit dem ersten erfolgreichen konstruktiven Mißtrauensvotum in der Geschichte der Bundesrepublik die Wahl von **Helmut Kohl** zum Bundeskanzler, dessen Kabinett mit 8 CDU- und je 4 CSU- und FDP-Ministern, darunter Genscher als Außenminister, am 4. 10. 1982 vereidigt wird. Bundespräsident **Carstens** löst am 7. 1. 1983 den Bundestag auf und setzt Neuwahlen für den 6. 3. 1983 an. Diese gewinnt Kohl mit dem – dann nicht eingehaltenen – Versprechen der Herbeiführung einer geistigen Wende: Er bleibt Bundeskanzler einer CDU/CSU-FDP-Koalition, Genscher Außenminister. Seinem Finanzminister Stoltenberg gelingt es, die jährlichen Neuverschuldungen allmählich herabzusetzen und die Inflation zu stoppen. Im Mai 1986 kann das Statistische Bundesamt melden, daß im April 1986 erstmals seit 27 Jahren die Verbraucherpreise – um 0,2 Prozent – unter denen des Vorjahresmonats liegen.

Gesellschaftspolitisch kann jedoch der linke CDU-Flügel um Geißler, Blüm, von Weizsäcker sich durchsetzen und die versprochene geistige Wende verhindern: In der Sozial-, Bildungs-, Justiz-, Ausländer- und Ostpolitik wird die der Brandt-Schmidt-Ära nahtlos weitergeführt. Die Wahl **Richard von Weizsäckers** am 23. 5. 1984 zum neuen Bundespräsidenten verstärkt diesen Kurs. Seine Rede am 8. Mai 1985 zum 40. Jahrestag der Kapitulation der deutschen Wehrmacht setzt den Beginn zu einer neuen Welle der Vergangenheitsbewältigung mit einseitiger Schuldzuweisung an Deutschland und Verharmlosung der Vertreibungsverbrechen an Deutschen. Kurz vorher hat in großer Hektik am 25. 4. 1985 zum Jahrestag des Kriegsendes der Bundestag das ›Auschwitz-Lüge-Gesetz‹ beschlossen, das in starker Beschränkung der Grundrechte erstmalig bestimmte Meinungsäußerungen zu gewissen Fragen der Zeitgeschichte unter Strafe stellt und – wie die Folge zeigt – die Forschung auf diesem Gebiet praktisch unmöglich macht.

Außenminister Genscher verfolgt weiter seine unter Brandt und Schmidt geführte Politik starker Westanbindung und zunehmender Anerkennung des Pankower Regimes. Am 29. 6. 1983 erhält dieses einen weiteren westdeutschen Bankenkredit von 1 Milliarde DM. Am 22. 11. 1983 beschließt der Bundestag mit der Koalitionsmehrheit die Stationierung neuer US-Mittelstreckenraketen in Westdeutschland. An der Politik des Verzichts auf Ostdeutschland jenseits von Oder und Neiße und auf das Sudetenland wird nichts geändert. Am 16. 10. 1985 wird die erste rot-grüne Koalition in Hessen gebildet, die bis zum 5. 4. 1987 Bestand hat. Nach der 11. Bundestagswahl am 25. 1. 1987 bleiben Kohl Bundeskanzler und Genscher Außenminister und setzen ihre Politik fort, insbesondere zur Stützung der in immer größere Schwierigkeiten geratenen ›DDR‹. Am 22. 5. 1987 spricht als erster offizieller Vertreter des (westdeutschen) Deutschen Gewerkschaftsbundes (DGB) dessen stellvertretender Vorsitzender Gustav Fehrenbach vor dem (DDR-) FDGB-Kongreß in Ostberlin. Vom 7. bis 11. 9. 1987 kommt **Honecker** als Staatschef der ›DDR‹ zu einem Staatsbesuch nach Bonn und wird dort wie auch in den Bundesländern mit großen Ehren empfangen und aufgewertet. Bestrebungen zur vollständigen völkerrechtlichen Anerkennung der ›DDR‹ und ihrer eigenen Staatsbürgerschaft gehen bis weit in die Regierungsparteien.

In den achtziger Jahren nimmt die Zahl der Ausländer in Westdeutschland um weitere Millionen zu. Neben SPD, FDP und Grünen treten auch führende CDU-Politiker wie Geißler und Süßmuth für die **multikulturelle und multiethnische Gesellschaft** in Deutschland ein, nachdem das zunächst versuchte Modell der vollständigen Integration der Fremden an deren Widerstand gescheitert ist. Eine dringend erforderliche **Bevölkerungspolitik** angesichts zunehmenden Geburtendefizits und Überalterung der Deutschen wird von Bonn immer noch abgelehnt, berechtigte Forderungen nach einer Förderung der Familie, insbesondere auch kinderreicher, bleiben trotz verhältnismäßig großen Wohlstandes praktisch unerfüllt. Dafür werden zunehmend zig Milliarden DM jährlich für nach Deutschland einreisende Wirtschaftsflüchtlinge ausgegeben.

Ab 22. 5. 1987 darf nach vorausgegangener Medienkampagne aufgrund einer Entscheidung des US-Justizministeriums der am 8. 6. 1985 gewählte österreichische Bundespräsident **Kurt Waldheim,** der früher jahrelang angesehener UNO-Generalsekretär gewesen ist, wegen angeblicher Verstrickung in Kriegsverbrechen auf dem Balkan nicht mehr in die USA einreisen, Kanada schließt sich an. Weltweit wird sein Rücktritt verlangt. Da die Österreicher mehrheitlich hinter ihm stehen, kann sich Waldheim bis zum Ende der Amtsperiode halten, wenn auch sehr isoliert. Auch vom westdeutschen Bundeskanzler und Bundespräsidenten kommt ihm keine Hilfe. Der ganze Fall wird weltweit erneut als Vorwand zu einseitiger Vergangenheitsbewältigung gegen Deutschland ausgeschlachtet.

Am 17. 8. 1987 stirbt überraschend **Rudolf Heß,** der letzte und seit 1966 einzige ›Kriegsverbrecher‹ im alliierten Gefängnis in Spandau. Mit ziemlicher Sicherheit ist er von britischen Agenten ermordet worden. Da von Moskau kurz vorher erstmals Bereitschaft zur Freilassung des 93jährigen angedeutet ist, will London damit wohl verhindern, daß er noch in Freiheit aussagen kann. Alle Spuren werden schnell beseitigt, das Gefängnis wird bald abgerissen.

Am 29. 1. 1989 ziehen die rechtsstehenden **Republikaner** mit 7,5 % der Stimmen erstmals in einen Landtag (Berlin, Abgeordnetenhaus) ein, erhalten bei den Europa-Wahlen am 18. 6. 1989 7,1 % und sind ab 1990 auch im Landtag in Stuttgart vertreten, in dem sie sich 1994 behaupten.

DIE ÜBERRASCHENDE KLEINE WIEDERVEREINIGUNG

Nachdem Michail Gorbatschow am 11. 3. 1985 nach dem Tod Tschernenkows dessen Nachfolger als Generalsekretär der KPdSU geworden ist, versucht er durch Reformen in den folgenden Jahren den drohenden wirtschaftlichen Zusammenbruch der Sowjetunion abzuwenden. Dabei setzt er auch auf Deutschland, findet aber wenig Gegenliebe. Bundespräsident von Weizsäcker lehnt **Gorbatschow**s vielsagendes Angebot ab, sich 1987 beim Staatsbesuch des Deutschen mit ihm im symbolträchtigen Tauroggen zu treffen. Sowjetische Anregungen, über die Zukunft Ostpreußens zu sprechen, werden von Bonn nicht aufgegriffen, auch nicht bei Gorbatschows Staatsbesuch in Bonn vom 12. bis 15. 6. 1989. Die Bundesregierung verschanzt sich hinter der Vorstellung, daß nur eine Einigung Europas eine deutsche Einheit bringen könne. Kohl selbst halftert alle Initiativen in seiner Partei in Richtung auf eine deutsche Einigung massiv ab und setzt allein auf Europa. Die SPD tritt verstärkt in Gespräche mit der SED ein, drängt auf volle Anerkennung der DDR und versucht, mit dieser gemeinsame ideologische Grundlagen zu erarbeiten. Durch wesentlich von Westdeutschland geförderte Vorhaben wie den Ausbau von Autobahnstrecken sowie durch großzügige Verrechnung von Dienstleistungen wird das Pankower Regime wirtschaftlich gestützt.

Das politische Tauwetter im Osten läßt Oppositionsgruppen in Mitteldeutschland an Einfluß gewinnen. Bestrebungen zur Flucht in den Westen nehmen seit Anfang 1989 zu. Am 11. 1. 1989 sichert die DDR-Regierung den rund 20 Bürgern, die sich seit Jahresbeginn in der Ständigen Vertretung Bonns in Ost-Berlin aufhalten, Straffreiheit zu. Am 8. 8. 1989 muß die Ständige Vertretung Bonns in Ost-Berlin geschlossen werden. Als am 14. 8. 1989 die Zahl der in der westdeutschen Botschaft in Budapest auf die Ausreise in den Westen wartenden DDR-Bürger 180 überstiegen hat, wird die Botschaft geschlossen. Am 19. 8. gelingt es rund 600 DDR-Bürgern, aus Ungarn bei einer Veranstaltung an der ungarisch-österreichischen Grenze nach Österreich zu fliehen, wo inzwischen mehr als 4000 kürzlich geflüchtete DDR-Bewohner in Lagern untergebracht sind. Am 23. 8. muß die westdeutsche Botschaft in Prag geschlossen werden, nachdem dort über 100 DDR-Flüchtlingen Aufnahme gefunden haben. Am 11. 9. öffnet die ungarische Regierung ihre Westgrenze für DDR-Bürger nach Österreich. Am 30. 9. werden aus Warschau und Prag mehr als 6000 DDR-Flüchtlinge in Sonderzügen nach Westdeutschland entlassen.

Nach Gorbatschows Besuch in Ost-Berlin am 6. 10. 1989 zum 40. Jahrestag der Gründung der DDR nehmen die **Demonstrationen in verschiedenen Städten Mitteldeutschlands** für Freiheit und politische Reformen schnell zu. Am 18. 10. tritt Honecker als Parteisekretär der SED zurück, Egon Krenz wird sein Nachfolger und am 24. 10. zum neuen Staatsratsvorsitzenden gewählt. Am 6. 11. 1989 demonstrieren in Leipzig Hunderttausende. Die Sowjets verweigern ein Eingreifen. Der DDR-Ministerrat unter Willi Stoph tritt zurück, am 8. 11. auch das Politbüro der SED. Am 9. 11. läßt die DDR die **Öffnung der Mauer** durch Hunderttausende das Ereignis begeistert feiernder West- und Ost-Berliner zu und öffnet die Grenzen zu Westdeutschland. Die vollkommene Agonie der kommunistischen Staatsführung wird offenkundig. In einem Jubel sondergleichen wird die jahrzehntelang lebenbedrohende Mauer von der Ostsee bis zur tschechischen Grenze überall geöffnet, und die freie Begegnung zwischen West- und Mitteldeutschen wird ermöglicht.

Während das Volk in einem wahren Freudentaumel den Fall der innerdeutschen Grenzen feiert, überschlagen sich die politischen Ereignisse: Am 13. 11. wird Hans Modrow (SED) neuer Ministerpräsident der DDR, am 28. 11. legt Bundeskanzler Kohl – gut beraten zu dieser Kurskorrektur – überraschend einen **Zehn-Punkte-Plan** zur Wiederherstellung der deutschen Einheit vor. Am 2. 12. treffen sich US-Präsident Bush und Gorbatschow vor Malta und nehmen zustimmend zur **deutschen Einigung** Stellung, während Frankreichs Staatspräsident Mitterrand durch Besuche in Moskau und Ost-Berlin und auch Premierministerin Thatcher die Einigung zu hintertreiben versuchen. Am 3. 12. tritt die gesamte Führungsspitze der SED zurück, am 6. 12. Staatsratsvorsitzender Krenz. Sein Nachfolger wird der Liberaldemokrat Manfred Gerlach. Ein inzwischen gebildeter ›Runder Tisch‹ vereinbart Neuwahlen zur Volkskammer erst zum 6. 5. 1990, später zum 18. 3. 1990. Am 19. 12. 1989 besucht erstmalig Bundeskanzler Kohl offiziell die neue DDR und wird begeistert in Dresden empfangen. Am 10. 2. 1990 spricht er in Moskau mit Gorbatschow.

Am 28. 1. 1990 vereinbart der ›Runde Tisch‹ die Bildung einer ›Regierung der nationalen Verantwortung‹. Modrows Versuch, am 30. 1. in Moskau noch einmal Hilfe für die Kommunisten zu erreichen, wird von Gorbatschow mit dem Hinweis abgelehnt, daß »die Vereinigung der Deutschen niemals und von niemandem prinzipiell in Zweifel gezogen« werde. Bei den **ersten freien Wahlen in Mitteldeutschland** am 18. 3. 1990 wird die CDU stärkste Partei vor der SPD. Am 12. 4. wird Lothar de Maizière (CDU) Ministerpräsident und bildet eine Koalition mit der SPD.

Am Rande einer vom 12. bis 28. 2. 1990 in Ottawa stattfindenden Konferenz aller Mitgliedsstaaten der NATO und des Warschauer Paktes wird am 13. 2. die Aufnahme von ›Zwei-plus Vier‹-Verhandlungen der Sieger des Zweiten Weltkrieges und beider deutschen Teile über »die äußeren Aspekte der Herstellung der deutschen Einheit« vereinbart. Eine Teilnahme Polens wird zurückgewiesen.

Am 2. 5. 1990 teilen Bonn und Ost-Berlin den Plan eines Staatsvertrages für eine **Währungs-, Wirtschafts- und Sozialunion** beider deutschen Teile mit, der bereits am 18. 5. paraphiert, am 21. 6. in beiden Parlamenten beschlossen und am 1. 7. wirksam wird. Mitteldeutschland übernimmt die DM als alleiniges Zahlungsmittel.

Kurz danach beginnen deutsch-deutsche Verhandlungen über einen Staatsvertrag zur Herstellung der deutschen Einheit. Am 26. 7. einigen sich beide Parlamente auf den 2. 12. 1990 als Termin für die ersten gesamtdeutschen Wahlen, am 22. 8. beschließt die Volkskammer den Beitritt zur Bundesrepublik gemäß Artikel 23 des Grundgesetzes zum 3. Oktober 1990. Am 12. 9. 1990 werden die am 5. 5. begonnenen **›Zwei-plus-Vier‹-Verhandlungen** in Moskau erfolgreich abgeschlossen, nach denen Deutschland nun – allerdings nur nominell – die volle Souveränität erhält. Praktisch bleiben aber Vorbehalte der Siegermächte bestehen, gibt es weiterhin deren Truppen in Deutschland. In Zusatzverträgen (mit Moskau 9. 10. und 9. 11. 1990) sowie Polen (14. 11. 1990) und Briefen macht die Bundesregierung weitere Zugeständnisse, insbesondere zu den Ostgrenzen, und sagt zig Milliarden DM Zahlungen an Rußland und Polen zu.

Die **ersten gesamtdeutschen Bundestagswahlen** bringen am 2. 12. 1990 der christlich-liberalen Regierungskoalition die Mehrheit, Republikaner und Grüne erreichen nicht die Mindestgrenze von 5% der Stimmen, die PDS zieht in den Bundestag ein, ebenso das mitteldeutsche Bündnis 90/Grüne. Kohl bleibt Bundeskanzler und setzt mit Außenminister Genscher seine Politik fort, der allerdings am 17. 5. 1991 seinen Rücktritt erklärt. Nachfolger wird Klaus Kinkel (FDP). Deutschland bezahlt mit mehr als 15 Milliarden DM praktisch den US-Golf-Krieg. Am 20. 6. 1991 entscheidet sich der Bundestag mit knapper Mehrheit, wobei die mitteldeutschen Kommunisten unter Gysi den Ausschlag geben, für Berlin als künftigen Sitz von Bundestag und Bundesregierung. Der Umzug wird dann aber von ›rheinbündlerischen‹ Kräften vor allem in der CDU immer wieder verzögert, wird 1996 um weitere Jahre verschoben. Für den nun einsetzenden ›**Aufbau Ost**‹ werden dann jährlich über 100 Milliarden DM für Mitteldeutschland aufgebracht.

Die Bundesregierung versäumt es allerdings vollkommen, die im Volk zunächst vorhandene Aufbruchstimmung zur deutschen Einheit auszunutzen, und überläßt das Feld der Öffentlichkeit ganz den sich schnell nach ihrer vollkommenen Niederlage durch den Umschwung im Osten fangenden Linken und antinationalen Kräften, die die Einigung kritisieren und abwerten. In den neuen Bundesländern tobt sich westdeutscher und ausländischer Kapitalismus sehr zum Nachteil der in der freien Marktwirtschaft noch unerfahrenen Einheimischen aus, die neugebildete **Treuhand-Gesellschaft** verschleudert nach dem ungeklärten Tod Rohwedders (1. 4. 1991) unter Birgit Breuel Industrieanlagen ohne Rücksicht auf nationale Interessen, die Wirtschafts- und Finanzabwicklung haben viele Korruptionsfälle zur Folge: alles Auswirkungen der bedauerlichen Tatsache, daß Bonn auf solch einen Einigungsprozeß völlig unvorbereitet war, frühere Strategien der gesamtdeutschen Ministerien vernachlässigt hat und sich in manchen Fällen von den zunächst noch mitverhandelnden Kommunisten hereinlegen ließ. Mangels entschlossenen Führertums gelingt es auch nicht, schnell zu einer geistigen Wiedervereinigung beider deutschen Teile zu kommen. Viele Mitteldeutsche scharen sich in ihrer Enttäuschung paradoxerweise wieder um die SED-Nachfolgepartei PDS, die bei den 13. Bundestagswahlen am 16. 10. 1994 – nun ohne die Vorzugsbedingungen von 1990 – über Direktmandate in Berlin dennoch den Einzug in den neuen Bundestag erreicht. Nach 169 Tagen Untersuchungshaft und einer Justizkomödie werden in Berlin die Haftbefehle gegen Erich Honecker, den früheren DDR-Staats- und Parteichef, am 12./13. 1. 1993 aufgehoben, er fliegt sofort nach Chile.

Am 23. 5. 1994 wird Roman Herzog zum neuen Bundespräsidenten gewählt. Er übernimmt durch seine Rede am 8. Mai 1995 das Vergangenheitsbewältigungskonzept seines Vorgängers und erklärt 1996 den 27. Januar, den Jahrestag der sowjetischen Einnahme des KZ Auschwitz, zum deutschen Gedenktag.

Nachdem westdeutsche Behörden zunehmend Ausländer und Asylsuchende an mitteldeutsche Kommunen abgegeben haben, kommt es dort wegen unzumutbarer Verhältnisse zu Protesten der Bevölkerung, die sich, als ihnen nicht abgeholfen wird, in Hoyerswerda (1. 4. 1991), Rostock und anderen Orten in Gewalttätigkeiten von Jugendlichen gegen Ausländer entladen. Von den Medien sensationell aufgemacht und teilweise provoziert, geben diese Anschläge – später auch in Westdeutschland in Mölln (23. 11. 1992) oder Solingen (29. 5. 1992) – der durch den offensichtlichen Bankrott des realexistierenden Sozialismus im Osten frustrierten Linken und vor allem den Antifaschisten den willkommenen Anlaß, im Protest gegen Ausländerfeindschaft große Menschenmengen – auch bei stimmungsvollen Lichterketten – wieder um sich zu sammeln, gegen Rechte zu mobilisieren und Teilen der Bevölkerung längere Zeit eine ›angebliche **Ausländerfeindlichkeit**‹ vorzuwerfen. Dabei ist kein Volk so ausländerfreundlich und hat soviel über jedes vernünftige Maß hinaus für die Ausländer und Asylanten getan wie die Deutschen.

Am 2. 7. 1993 billigt der Bundestag den Einsatz deutscher Soldaten im Rahmen der UNO-Aktion im Bürgerkrieg in Somalia und damit erstmals die Teilnahme Deutscher an einem auswärtigen Konflikt. Deutsche Einheiten werden 1996 auch in Bosnien eingesetzt.

VORBEREITUNG DER EUROPÄISCHEN WÄHRUNGSUNION

Am 11. 12. 1991 beschließen die Staats- und Regierungschefs der Europäischen Gemeinschaft (EG) in Maastricht die Gründung einer Europäischen Union. Am 7. 2. 1992 unterzeichnen die EG-Außen- und Finanzminister in **Maastricht** den ›Vertrag über die Schaffung der Europäischen Union‹, der bis 1999 die Abschaffung der nationalen Währungen zugunsten eines gemeinsamen europäischen Zahlungsmittels vorsieht. Strenge ›Konvergenzkriterien‹ sollen die Stabilität der neuen Währung gewährleisten; sie werden jedoch bis 1996 nur von Luxemburg erfüllt. Im September 1992 müssen Großbritannien und Italien das bestehende Europäische Währungssystem wegen Überschreitung der geltenden Schwankungsbreiten sogar verlassen, die spanische und portugiesische Währung werden um 6 Prozent abgewertet, im März 1995 nochmals um 7 bzw. 3,5 Prozent. Vom freien

Markt wird erzwungen, daß die Schwankungsbreite des Europäischen Währungssystems am 1. 8. 1993 von 6 auf 30 Prozent erweitert wird, kein gutes Vorzeichen für eine gemeinsame Währung. Volksabstimmungen in Dänemark (erst mehrheitlich dagegen am 2. 6. 1992, dann knapp dafür am 18. 5. 1993), Norwegen (dagegen, am 28. 11. 1994), Frankreich (20. 9. 1992 knapp dafür, wobei die deutschen Ostprovinzen den Ausschlag geben) zeigen ebenso wie die meisten Befragungen, daß weite Teile der Bevölkerung in den betroffenen Ländern von der Einführung einer gemeinsamen Währung und der Aufgabe grundlegender Souveränitätsrechte sich nicht viel versprechen. Dennoch versucht vor allem Bundeskanzler Kohl, mit allen Mitteln die Maastrichter Vereinbarungen durchzusetzen, nachdem der Bundestag dem Vertrag am 2. 12. 1992 zugestimmt und das dagegen angerufene Bundesverfassungsgericht ihn am 12. 10. 1993 unter wesentlichen Stabilitäts-Auflagen als verfassungsgemäß erklärt hat. Mit einem rigorosen Sparkurs soll ab 1996 bei anhaltender Arbeitslosigkeit die Staatsverschuldung unter das festgesetzte Maß herabgedrückt werden.

Im Gegensatz zu den weniger aktiven ostdeutschen Vertriebenen beim deutsch-polnischen Vertrag (14. 11. 1990) haben es die politisch geschickteren Sudetendeutschen erreicht, daß bei dem ›deutsch-tschechoslowakischen Freundschaftsvertrag‹, der am 7.10.1991 in Prag paraphiert und im Frühjahr 1992 von Kohl und dem tschechoslowakischen Staatspräsidenten Havel unterzeichnet wird, die sudetendeutschen Rechtsforderungen nicht aufgegeben, sondern zunächst ausgeklammert werden. Sie protestieren auch gegen eine gemeinsame deutsch-tschechische **Parlamentserklärung** zur Vergangenheit, die die Tschechen ohne ausdrückliche Aufhebung der völkerrechtswidrigen Benesch-Dekrete von 1945/46 zur Vertreibung und ohne Zusicherung von Wiedergutmachung an die Vertriebenen und der Rückgabe des Sudetenlandes erhalten (Paraphierung am 20. 12. 1996 in Prag, Unterschrift der Regierungschefs am 21. 1. 1997 ebendort, Zustimmung des Bundestags am 30. 1. 1997).

GEISTIGE STRÖMUNGEN DES 20. JAHRHUNDERTS

Die deutsche Jugendbewegung: Um die Jahrhundertwende entsteht als Erneuerungsbewegung gegen die als unwahrhaftig und naturfremd empfundenen Verhältnisse der wilhelminischen Zeit in Deutschland die Jugendbewegung, eine das spätere geistige und politische Leben tief beeinflussende Geistesströmung. Am 4. 11. 1901 gibt der Jurastudent **Karl Fischer** in Berlin-Steglitz bis dahin losen Wander- und Fahrtengemeinschaften eine gewisse Organisationsform unter dem Namen ›**Wandervogel**‹. Der Gedanke greift schnell um sich: 1906 gibt es in rund 80 Ortsgruppen etwa 1500 Jungen; Mädelgruppen treten hinzu, verschiedene Wandervogelbünde bilden sich. Es entstehen ein Österreichischer und Schweizer, nach 1918 auch ein Baltendeutscher, Sudetendeutscher und Siebenbürger Wandervogel. 1916 zählen die Bünde 40 000 Mitglieder. Herausragende Gestalten sind Hans Breuer, der Herausgeber des *Zupfgeigenhansl* (1908), des Liederbuches der Jugendbewegung, und Gustav Wyneken als Schulreformer.

Gemeinsam ist allen Bünden das Streben nach einem naturnahen, verinnerlichten, individuellen, aufrichtigen, ganzheitlichen Leben in jugendlicher Art. Man ist nicht parteipolitisch, aber volkhaft und geschichtsbewußt. Alkohol und Nikotin werden meist abgelehnt. Später sehr wirksame schul-, musik-, ernährungs- und lebensreformerische Bestrebungen treten auf. Wandern, Volkslied, Trachten, Laienspiel, Hausmusik, Basteln und Werken erfahren Gestaltung und Verbreitung. Viele Lieder und Bräuche wandern schnell ins Volk. Zeitschriften und Rundbriefe entstehen und geben vielfältige literarische Anregungen. Viele Dichter und Schriftsteller werden von der Jugendbewegung geprägt.

Beim 1. Deutschen Jugendtag anläßlich der 100jährigen Wiederkehr der Leipziger Völkerschlacht wenden sich vom 11. bis 13. 10. 1913 auf dem **Hohen Meißner** in Nordhessen rund 2000 Teilnehmer gegen oberflächlichen Hurrapatriotismus, Spießbürgertum, Klassenkampf und Materialismus und treten unter Gustav Wyneken als »Freideutsche Jugend« für ein Leben »aus eigener Bestimmung, vor eigener Verantwortung mit innerer Wahrhaftigkeit« ein.

Von 15000 meist freiwilligen Wandervögeln als Kriegsteilnehmern fallen rund 7000 im Ersten Weltkrieg, darunter der Dichter Walter Flex (*Der Wanderer zwischen beiden Welten*).

Nach dem Ersten Weltkrieg wird in vielen Bünden wechselnder Zusammensetzung um die Hauptfragen Freiheit, Nation und Sozialismus gerungen. Erwachsenenbildung, freiwilliger Arbeitsdienst, Landsiedlung gewinnen Bedeutung. Eine ›Wehrjugendbewegung‹ entsteht. Kreise der behördlichen Jugendpflege, der Pfadfinder und Parteijugendgruppen treten hinzu. Daraus bildet sich um 1924 die ›**Bündische Jugend**‹. Eine Reihe dieser parteipolitisch neutralen Bünde schließt sich 1927 zur Deutschen Freischar zusammen. Im Frühjahr 1933 bilden Freischar und weitere Bünde zur Stärkung gegenüber der Hitler-Jugend den ›**Großdeutschen Bund**‹ unter Admiral von Trotha. Am 17. 6. 1933 werden der Großdeutsche Bund und andere Gruppen von der Regierung aufgelöst, eine Fortsetzung der Bündischen Jugend wird untersagt. Schon vorher haben sich viele ihrer Mitglieder zum Nationalsozialismus bekannt, andere fliehen ins Ausland, einige kommen später ins KZ. Wesen und Brauchtum der Jugendbewegung prägen anschließend wesentlich Jungvolk und Hitler-Jugend.

Nach 1945 werden zahlreiche Jugendbünde wieder- oder neugegründet und Älterenbünde gebildet. Die 50-Jahrfeier des ersten Meißnerfestes vereint im Oktober 1963 auf dem Hohen Meißner über 5000 Jugendliche in einem riesigen Zelt(Kohten-)lager. Die geistige Bedeutung, wie sie in den ersten Jahrzehnten des Jahrhunderts durch Namen wie Ludwig Klages, Stefan George, Ernst Jünger, Manfred Hausmann u.a. verkörpert wurde, kann jedoch nicht wieder erreicht werden. Als typisch deutsche Geistesströmung erfaßte die Jugendbewegung den ganzen deutschen Sprachraum, ohne ihn jedoch zu überschreiten.

Der nationale Gedanke: Gespeist aus volkhaften Kreisen der Jugendbewegung, aus dem Fronterlebnis des Weltkrieges, aus Auslands- und Volksdeutschtum entsteht in Ablehnung des Hurrapatriotismus des Kaiserreichs ein verinnerlichter Nationalismus, zum Teil auch mit religiösen Erneuerungsbewegungen verbunden. Die Nation wird ›im Herzen getragen‹. Der Sturm jugendlicher Regimenter auf Langemarck 1914, mit dem Deutschlandlied – damals noch nicht die Nationalhymne – auf den Lippen, wird zum Symbol. Der Kampf gegen das Versailler Diktat, gegen die Abtrennung deutscher Gebiete im Osten und Südosten, der Kampf der Freikorps an den Grenzen und im Innern gegen Umsturzversuche tragen dieses Nationalgefühl in weite Kreise. Ernst Jüngers und Edwin Erich Dwingers Kriegsbücher und Möller van den Brucks *Das Dritte Reich* vertiefen die **nationale Idee eines sozialen volkhaften Staates.** Wegen der Knebelungspolitik der westlichen Demokratien gegenüber Deutschland und wegen des Versagens der Weimarer Demokratie werden demokratische Formen dabei meist zugunsten militärischer oder jugendbewegter Führer- und Gefolgschaftsprinzipien abgelehnt.

Zahlreiche Verbindungen zu volksdeutschen Inseln, zum Beispiel den Siebenbürger Sachsen, werden gestärkt, Volkstumsarbeit für Volksdeutsche nimmt zu und fördert das Bewußtsein der Zusammengehörigkeit des Volkes auch über die Staatsgrenzen hinweg. Zunächst in verschiedenen Parteien organisiert, werden die Anhänger einer nationalen Anschauung Ende der 20er Jahre immer mehr von der Dynamik des Nationalsozialismus angezogen, dem in den ersten Jahren seiner Regierung auch ein Großteil der Verwirklichung der nationalen Ziele gelingt, insbesondere die Rückgliederung der Österreicher und Sudetendeutschen in das Reich. Die Sehnsucht von 1813 und 1848 nach einem gesamtdeutschen Reich scheint im Großdeutschen Reich erfüllt.

Nach 1945 werden Verbrechen, Niederlage, deutsche Spaltung und nachfolgende Notzeit dem vorher übersteigerten Nationalgedanken angelastet. Umerziehung und politische Bildung versuchen, ihn auszurotten. Nationale Parteien werden unterdrückt. Erst mehr als 50 Jahre nach Kriegsende und nach der kleinen Wiedervereinigung von West- und Mitteldeutschland scheint die Zeit für einen geläuterten Nationalgedanken reif zu werden.

Der soziale Gedanke: Arbeiter, Schüler und Studenten haben im Wandervogel gemeinsam die Heimat erlebt, im Weltkrieg zusammen die Heimat verteidigt, erdulden nach dem Versailler Diktat gemeinsam die Not. So entwickelt sich, vor allem aus Jugendbewegung und Fronterlebnis, nach dem Weltkrieg zur Überwindung des kommunistischen Klassenkampfes die Idee der **sozialistischen, nichtmarxistischen Volksgemeinschaft.** Dem materialistischen und marxistischen Kommunismus wird ein ideeller, geschichtsbewußter nationaler Sozialismus entgegengestellt, der Eigentums- und Bildungsschranken im Volk überwindet. National und sozialistisch nennen sich weite Teile der jüngeren Generation, auch der gehobenen Schichten und der Intelligenz quer durch alle Parteien. Anfang der 30er Jahre vereinigen sich diese Strömungen immer mehr im Nationalsozialismus, in dem weite Kreise in den ersten Jahren nach 1933 die Erfüllung ihrer Bestrebungen sehen und in diesem Sinne wirken.

Diese Überwindung des Klassenkampfes und das **Erlebnis der Volksgemeinschaft** im Zweiten Weltkrieg tragen wesentlich dazu bei, daß im und nach dem Zweiten Weltkrieg keine Revolution ausbricht, daß der Kommunismus keinen Boden findet, daß die gewaltige Aufbauleistung nach 1949 erfolgen kann, daß Millionen Flüchtlinge und Vertriebene in ein Not leidendes Volk eingegliedert werden können. Der soziale Gedanke kommt dann in der von Erhard ab 1948 durchgesetzten sozialen Marktwirtschaft wieder zum Tragen, führt jedoch in dem ›Wohlfahrtsstaat‹ der 70er Jahre zu Entartungen. Der Versuch, einen marxistischen Sozialismus in Westdeutschland wiederzubeleben, scheitert trotz größter Anstrengungen linker Kreise in den 60er und 70er Jahren und endet in den Terroranschlägen der Roten Armee Fraktion (RAF).

Der Europa-Gedanke: Der aus der Frontgeneration des Ersten Weltkrieges entstehende Europa-Gedanke kann sich wegen der Folgen des Versailler Diktates und der Übersteigerung des nationalen Gedankens nicht durchsetzen. Ansätze zu einer deutsch-französischen Aussöhnung in den 30er Jahren und zu einer gesamteuropäischen Verteidigung gegen den Bolschewismus im Zweiten Weltkrieg gehen mit Deutschlands Niederlage zunächst unter. Nach 1945 entsteht, vor allem in der Kriegsgeneration und in der Jugend ein starker Wille für ein **geeintes Europa als Friedens- und Kulturwahrer.** Trotz alliierter Straf- und Umerziehungsmaßnahmen ist dieser Gedanke so mächtig, daß er Adenauers Politik wesentlich unterstützt und zur dauernden Versöhnung mit dem früheren ›Erbfeind‹ Frankreich führt. Als sich dann in den westlichen Nachbarstaaten in den 50er und 60er Jahren immer mehr eine nationalegoistische Politik durchgesetzt hat, die deutsche Wiedervereinigung dort nicht gefördert wird,

Westdeutschland zum Zahlmeister der EG wird, die rein wirtschaftlichen Zwecken dient, sieht sich wieder eine deutsche Generation in ihren politischen Hoffnungen betrogen.

In den 70er und 80er Jahren entfalten die zahlreichen inzwischen eingerichteten europäischen Institutionen – vor allem das Europa-Parlament in Straßburg und die EG-Kommission in Brüssel – ihre Eigendynamik. Hinzu kommt das gemeinsame europäische Verteidigungsbündnis der NATO gegen die immer wieder auftretende Bedrohung aus dem Ostblock. Die politische Zusammenarbeit verstärkt sich, vor allem zwischen Deutschland und Frankreich. Zwar versuchen London und Paris 1989/1990 erneut, die deutsche Einigung zu verhindern, erkennen sie dann jedoch an und versuchen nun, verstärkt Deutschland in Europa einzubinden. Sie kommen damit Bundeskanzler Kohls Bestrebungen nach einer europäischen politischen und Währungsunion entgegen, was dann zu den **Maastrichter** Vereinbarungen von 1992 führt.

Der Lebensschutzgedanke: Anknüpfend an Vorstellungen der Romantik hat die Jugendbewegung nach der Jahrhundertwende ein naturnahes Leben in ganzheitlicher Schau vertreten und vor den körperlichen, geistigen und seelischen Schäden der modernen Zivilisation und Technik gewarnt. Erwin Guido Kolbenheyers biologisch begründete Philosophie und Raoul Francés organische Darstellung der Wirklichkeit unterbauen das von der naturwissenschaftlichen Seite, Ludwig Klages' und Nicolai Hartmanns Schriften von den Geisteswissenschaften her. In der vorbildlichen Naturschutz-, Landschaftsschutz-, Tierschutz- und Jagdgesetzgebung der 20er und 30er Jahre schlägt sich das nieder.Landschaftsanwälte beraten beim Autobahnbau.

Die weltweit immer schneller zunehmende Technisierung und wachsende Bevölkerungszahl, die absehbare Verknappung an Energie, Nahrung, Wasser und Rohstoffen, die Gefährdung durch radioaktive Strahlung aus Reaktoren und militärischer Anwendung machen seit den 60er Jahren weite Kreise auf die Bedrohung der menschlichen Umwelt aufmerksam. Aus älteren Anfängen entsteht in den 70er Jahren eine durch alle Schichten und Parteien gehende **Umweltschutzbewegung**, die auch zur Gründung von Parteien führt (Grüne Aktion Zukunft, Die Grünen), die Parlamentsmandate erringen (ab 1983 im

159

Bundestag). Gestützt wird diese Bewegung durch moderne Erkenntnisse und populäre Darstellungen aus Verhaltensforschung (Konrad Lorenz) und Systemtheorie (Ludwig von Bertalanffy). Zunehmend wird auch die **Bedrohung der Innenwelt** des Menschen durch Massenmedien, Manipulation der Literatur, einseitige Erziehung, Datenmißbrauch, Einschränkung der Meinungs- und Informationsfreiheit usw. erkannt. Eine Besinnung auf ökologische und geistige Voraussetzungen freiheitlichen menschlichen Lebens setzt ein. Eine ›Tendenzwende‹ von utopischen, progressiven linken Vorstellungen zu eher konservativer, lebensrichtiger Haltung in Pädagogik, Familienpolitik und Gesellschaftspolitik mit Ablehnung nivellierender Gleichheitsideologie tritt ab etwa 1975 auf, in ihrem Gefolge auch eine Wiederbelebung des Geschichtsbewußtseins. Zahlreiche Bürgerinitiativen und -aktionen zu Einzelfragen des Lebensschutzes, der Erziehung, des Mißbrauchs der Massenmedien entstehen.

LITERATUR UND WISSENSCHAFT 1900–1950

Aufbruch und Umwälzung kennzeichnen die Literatur um die Jahrhundertwende. Der Schlesier **Gerhart Hauptmann** (1862–1946) schreibt in naturalistischem Stil sozialkritische Schauspiele (*Die Weber*), später nach romantischen auch klassische Werke (*Atriden*-Tetralogie). Mit Lyrik und Balladen vertritt Detlev von Liliencron den Impressionismus. Als Gegenbewegung zu beiden tritt die Neuromantik auf: Hugo von Hoffmannsthal (1874–1929) tritt mit Lyrik und Dramen (*Jedermann*) hervor; in strenggeformten Versen gibt Stefan George (1868–1933) der Sprache Würde und Glanz (*Stern des Bundes*); **Rainer Maria Rilke** (1875–1926) erschließt die ganze Tiefe abendländischer Geistigkeit mit religiösen und mystischen Zügen (*Stundenbuch*). Ihnen nahestehende Dichter wie Börries von Münchhausen, Lulu von Strauß und Torney und Agnes Miegel erneuern die Balladendichtung. Ricarda Huch (1864–1947) verbindet Geschichtsschreibung und Dichtung (*Der große Krieg*). Große Erzähler treten meist sehr bodenständig in den einzelnen deutschen Landschaften auf: der Holsteiner Gustav Frenssen, der Finkenwerder Nordseedichter Gorch Fock, der Heidedichter Hermann Löns, der Schwabe Peter Dörfler, der Bayer Ludwig Thoma und Ludwig Ganghofer, in Österreich Friedrich von Gagern, im Böhmerwald Hans Watzlik. Die Arbeiterdichtung wird durch Richard Dehmel (1863–1927), dann vor allem durch Heinrich Lersch (1889–1936) bekannt. Mehrere Dichter des Expressionismus fallen jung im Weltkrieg wie Georg Trakl (1887–1914).

Die Niederlage im Weltkrieg verstärkt pessimistische Züge. Oswald Spenglers (1880–1936) *Untergang des Abendlandes* kennzeichnet die Zeit. **Thomas Mann** (1875–1955) beschreibt Kulturverfall und sterbendes Bürgertum in seinen großen Romanen (*Buddenbrooks*). Franz Kafka (1883–1924) gestaltet die Angst des modernen Menschen (*Das Schloß*). Gottfried Benns (1886–1956) Lyrik kreist um den Kulturverfall. Als Dramatiker tritt Karl Zuckmayer hervor (*Der Hauptmann von Köpenick*). Politische Bühnenstücke kommunistischer Ideologie schreibt Bert Brecht (1898–1956) mit seinen Schauspielen (*Mutter Courage, Galileo Galilei*).

Im und nach dem Ersten Weltkrieg entsteht eine die ethisch gestaltenden Kräfte des Krieges auslotende Literatur. Ernst Jünger, Rudolf G. Binding, Edwin Erich Dwinger, Theodor Kröger, Hans Carossa, Bruno Brehm und der ›Wandervogeldichter‹ Walter Flex beschreiben in Tagebüchern, Romanen und Erzählungen das Furchtbare des modernen Krieges und sich darin bewährendes echtes Menschentum.

Einer neuen Innerlichkeit sind die Werke von Hermann Stehr, Frank Thieß, Wilhelm Schäfer, Ernst Wiechert und Hermann Claudius gewidmet. Einem vertieften Volkstumsbegriff sind **Hans Grimm** (1875–1959) (*Volk ohne Raum*) sowie Friedrich Griese, Hans Friedrich Blunck und Heinrich Waggerl verpflichtet. Früh die biologisch-blutmäßigen Grundlagen erkennnend, schreibt **Erwin Guido Kolbenheyer** (1878–1962) seine naturwissenschaftlich begründete ganzheitliche Philosophie (*Bauhütte*) und seine großen historischen Romane (*Paracelsus*-Trilogie) und Dramen. Ina Seidels Romane, Gertrud von le Forts Erzählungen und Lyrik und Agnes Miegels Balladen sind hohe Zeugnisse landschafts- und geschichtsbezogener Haltung und wertvolle Beiträge großer Frauen zur Literatur. **Joseph Weinheber** (1892–1945) schafft noch einmal einen Höhepunkt deutscher Lyrik, zu der auch Rudolf Alexander Schröder Formvollendetes beiträgt. Romane mit teilweise tief metaphysischem Lebensgefühl stammen von Hermann Hesse und Werner Bergengruen.

Bis zum Zweiten Weltkrieg ist die deutsche **Wissenschaft** führend, obwohl die Emigration nach 1933 Verluste bringt; nach Deutschland fallen die meisten Nobelpreise. Nach dem Zweiten Weltkrieg liegt das wissenschaftliche Leben durch Verschleppung deutscher Forscher, Arbeitsverbote auf manchen Gebieten und mangelnde Förderung für gut ein Jahrzehnt danieder.

Das Jahrhundert beginnt mit der grundlegenden Entdeckung des Wirkungsquantums durch **Max Planck** (1858–1947): Die Energie erweist sich als gequantelt. Die Quantentheorie und Albert Einsteins (1879–1955) Relativitätstheorie von 1905 verändern die Grundlagen der Naturwissenschaft und ermöglichen die schnellen Erfolge der Atomphysik, zu deren mathematischer und philosophischer Deutung Werner Heisenberg Wesentliches beiträgt. Otto Hahn entdeckt mit Fritz Straßmann 1938 die Kernspaltung: Das Atomzeitalter beginnt.

In der Chemie erzielen Theorie und Anwendung umwälzende Fortschritte. Großsynthesen wie das Haber-Bosch-Verfahren zur Ammoniaksynthese oder das Fischer-Tropsch-Verfahren zur Benzingewinnung aus Kohle erreichen große volkswirtschaftliche Bedeutung.

In der Technik werden mit dem Raketenbau (Oberth, von Braun), der Konstruktion von Rechenmaschinen (Zuse), der Entwicklung des Fernsehens, der Verwirklichung des Turbinenantriebes und der Erforschung der Halbleiter die Grundlagen für den modernen großtechnischen Fortschritt geschaffen.

Die Wiederentdeckung der Mendelschen Gesetze bringt die Biologie sehr voran. Der Anthropologe Eugen Fischer bestätigt sie für die menschlichen Rassen und leitet fruchtbare Erkenntnisse für die menschliche Erblehre und Eugenik ein. Das Prinzip der stammesgeschichtlichen Entwicklung (**Evolution**) erweist sich auf allen Gebieten des Lebendigen als sehr fruchtbar. Die Fragen nach dem Ursprung und der Entstehung des Lebens werden mit dem Prinzip der Selbstorganisation des Lebendigen von Manfred Eigen einer Lösung nähergeführt.

Mit der Verhaltensforschung entwickelt sich aus der Biologie eine für alle Bereiche des Menschen wichtige Wissenschaft. Als bedeutendster Vertreter macht **Konrad Lorenz** sie sehr populär und zieht in seinem hypothetischen Realismus die philosophischen Konsequenzen daraus. Als eine weitere wichtige Tochter der Biologie wird die von Ludwig von Bertalanffy begründete Systemtheorie (Kybernetik) bedeutsam.

In der Philosophie geht aus dem Neukantianismus **Nicolai Hartmann** (1885–1950) hervor, der mit seiner Schichtenlehre des Seins und seiner Erkenntnistheorie die Ergebnisse der Evolutionstheorie vorwegnimmt. **Martin Heideggers** Existenzphilosophie beeinflußt stark die geistige Welt. **Erwin Guido Kolbenheyers** Philosophie verbindet früh Natur- und Geisteswissenschaften.

Atomphysik, Verhaltensforschung und Systemtheorie erschüttern philosophische und erkenntnistheoretische Systeme und Vorstellungen: Raum und Zeit verlieren ihren absoluten Charakter, Kants a prioris des Einzelnen werden zu a posterioris der Stammesgeschichte; Kausalität und Determinismus werden neu gefaßt und von der Evolution her deutbar. Der dualistische Gegensatz zwischen Geistes- und Naturwissenschaften verringert sich in Richtung auf eine ganzheitliche Schau in vernetzten Wirkungssystemen. Die auch von Lorenz wesentlich mitgestaltete evolutionäre Erkenntnistheorie löst Hauptfragen der abendländischen Philosophie, die seit den Tagen der alten Griechen offenstanden. Möglichkeiten einer modernen Ethik deuten sich an.

PROPAGANDA STATT GESCHICHTE

»Die Geschichte wird stets vom Sieger geschrieben«, ist eine alte Wahrheit. Immer beinhaltet Geschichtsschreibung eine gewisse Wertung; schon durch Weglassen oder Hervorheben von Tatsachen kann eine Verzerrung entstehen. Man kann sich jedoch um ein möglichst wahrheitsgetreues Bild der Vergangenheit bemühen, wie es das Ideal der deutschen Geschichtsschreibung des vorigen Jahrhunderts war und in diesem Buch erstrebt ist.

In den auch weltanschaulich geführten Kriegen unseres Jahrhunderts entwickelt sich mit Greuelpropaganda, psychologischer Kriegführung und nach dem Ende des Krieges vom Sieger erzwungener **Umerziehung** auf der Grundlage der Kriegspropaganda ein gefährliches Mittel der Geschichtsfälschung und Geschichtslüge. So macht im Ersten Weltkrieg die Mär von den durch deutsche Soldaten belgischen Kindern abgehackten Händen im Ausland die Runde. Als nach der deutschen Einnahme Antwerpens am 9. 10. 1914 die *Kölnische Zeitung* berichtet, daß die Glokken geläutet seien, machen ausländische Zeitungen daraus, sich immer steigernd, daß die belgischen Priester zum Läuten gezwungen seien, dann, daß sie ihres Amtes enthoben seien, dann, daß die Priester wegen ihrer Weigerung zu läuten zur Zwangsarbeit verurteilt seien, schließlich, daß die belgischen Priester als lebende Klöppel kopfüber in die Glocken gehängt worden seien. Wahrheitswidrig wird Deutschland im Versailler Diktat als Urheber und Schuldiger des Ersten Weltkrieges bezeichnet.

Noch verhängnisvoller wirken sich Geschichtsverdrehungen im und nach dem Zweiten Weltkrieg aus. Der sowjetische Mord an Tausenden polnischer Offiziere bei Katyn wird vom russischen Ankläger in Nürnberg 1945/46 den Deutschen angelastet, was aber bald als Lüge entlarvt wird. Der von Polen nach Kriegsbeginn an über tausend Volksdeutschen in und um Bromberg verübte Mord (›Bromberger Blutsonntag‹ am 3.9.1939) wird als ›Nazi-Verbrechen‹ hingestellt (noch im *Polyglott Polen-Reiseführer* 1979). Im ehemaligen KZ Dachau werden 1945 von den Amerikanern Gaskammern aufgebaut und als angeblich von den ›Nazis‹ benutzte gezeigt. Es dauert mehr als ein Jahrzehnt, bis anerkannt wird, daß es zumindest auf Reichsgebiet keine Vernichtungslager und Gaskammern gab. Im Zusammenhang mit der Vorbereitung der Ostverträge wird mit Verzerrungen der Geschichte Ostdeutschlands nicht gespart (EKD-Denkschrift). Es blüht die Übertreibung deutscher Verbrechen und die gleichzeitige Unterdrückung der Erinnerung der Verbrechen an Deutschen, vor allem an die im Osten nach 1945.

UMERZIEHUNG UND GEISTESLEBEN

Im Gegensatz zu 1933 werden 1945 nicht nur die politischen, sondern auch die geistigen Eliten Deutschlands weitgehend durch die Sieger ihrer Ämter enthoben und aus ihren Wirkungskreisen entfernt. Schulen und Hochschulen werden nach Kriegsende zunächst geschlossen, später mit sorgfältig überprüften Lehrkräften wieder eröffnet. Selbst international angesehene Gelehrte (Carl Schmitt) bleiben ausgeschlossen oder müssen jahrelang aussetzen (Arnold Gehlen). Lehrstühle in den Geisteswissenschaften werden vorzugsweise mit Emigranten und Marxisten besetzt, vor allem in den meinungsbildenden Fächern Geschichte und Soziologie sowie im zur Umerziehung gegründeten neuen Fach Politologie. Deren vorwiegend linkserzogene Schüler bestimmen dann weitgehend die öffentliche Meinung, besonders in den Bereichen der Bildung und in den Massenmedien. Aus den Bibliotheken werden in allen Besatzungszonen Hunderttausende von Büchern verbannt. Einen großen Einfluß gewinnt dabei die aus den USA zurückkehrende neomarxistische **Frankfurter Schule** (Horkheimer, Adorno, Pollock, H. Marcuse, Fromm) mit ihren Bestrebungen nach Autoritätsabbau und Sexualisierung, nach Zerstörung von Tradition und Familie sowie Volks- und Heimatbewußtsein. Sie wendet sich gegen alle Pflichten für eine Gemeinschaft, vertritt ungebundenen Individualismus und lehrt Lustgewinn als Lebensziel. Sie leistet die intellektuelle Vorarbeit für die 68er Umsturzversuche der APO.

Im Rahmen der Entnazifizierung erhalten ab 1945 viele Schriftsteller und Künstler Berufs-, Schreib- und Arbeitsverbot für Jahre. Das Vakuum des streng überwachten Literatur- und Kunstbetriebs füllen Vereinigungen wie die lange tonangebende linke ›Gruppe 47‹ oder die Kreise um die seit Mitte der 50er Jahre in Kassel abgehaltene Kunstausstellung der Documenta. Statt des Ringens um menschliche Vollkommenheit und Werte in der Literatur oder des Schönen in der Kunst erfolgt im Rahmen der Umerziehung weitgehend eine Zerstörung der zeitlosen künstlerischen Ideale. In der Literatur werden Gossenausdrücke üblich, wird die Sprache herabgezogen, ist oft primitive Sexualität oder Brutalität das Hauptthema, werden Obszönitäten geboten, nehmen Übersetzungen aus dem Amerikanischen (Hemingway, Miller) einen wichtigen Rang ein. In der Kunst wird ein Kult des Häßlichen getrieben, wird die Form zerstört und Abstraktes gefeiert, werden offensichtlich abartige Machwerke wie Kritzeleien von Affen, ›Elefantenkot‹ oder menschliche Exkremente ausstellungswürdig und preisgekrönt. Kultusministerien unterstützen diese Verirrungen. Kurzfristige Moden und Experimente (Pop-Art, Minimal-Art) werden hochgelobt. Collagen aus allen möglichen Materialien und Gebilde aus ranzigem Fett (Beuys) erhalten Preise, während an der Klassik ausgerichtete Kunstwerke (Breker, Klimsch, Thorak) unterdrückt, Ausstellungen traditionell arbeitender Künstler verhindert werden.

Im Gegensatz zur weltweit anerkannten Glanzzeit des deutschen Films, Theaters und selbst des Schlagers in der Vorkriegszeit sinkt deren Niveau nach wenigen Höhepunkten in den 50er Jahren. Film und Musik werden, vor allem dann im Fernsehen, zu einer Spielwiese für Importe, vorwiegend aus den USA. ›Crime and sex‹ bilden die Hauptinhalte.

Zwar wird vielfach der ›Verlust der Mitte‹ beklagt, das Fehlen einer guten Literatur bedauert, der Mißbrauch des Theaters zu durchsichtigen linken gesellschaftspolitischen Zwecken durch zunehmenden Nichtbesuch offenkundig. Doch ändert sich nichts an den herrschenden Zuständen. Die an sich brennenden und aktuellen Themen – Not- und Bewährungszeit im Krieg, Katastrophe von 1945, Flucht und Vertreibung, Verlust großer Volksgebiete, Besatzungszeit, deutsche Spaltung in mehrere Staaten, Überfremdung, Ringen um eigene volkliche Identität – erfahren kaum die ihnen gebührende Beachtung, geraten fast in Tabuzonen.

Bezeichnend ist, daß gerade der Kreis der als führend angesehenen Intellektuellen, Literaten und Künstler sich mit der deutschen Spaltung abfindet, die DDR hofiert und während der sich 1989/90 abzeichnenden Wiedervereinigung von West- und Mitteldeutschland große Vorbehalte gegen diese geäußert. Die Umerziehung wird systematisch weiterverfolgt und mit ungerechtfertigten, sich aber immer wiederholenden pauschalen Angriffen gegen ganze Berufsgruppen wie Juristen, Ärzte, Hochschullehrer oder Soldaten wegen deren Tätigkeit im Dritten Reich geführt. Ausländische Staatsmänner (Reagan in Bitburg 1985, Mitterrand in Berlin 1995) müssen die deutsche Vergangenheit in Schutz nehmen oder sprechen anklagend von der deutschen »Canossa-Republik« (Meri 1995 in Berlin).

Im ›**Historikerstreit**‹ von 1986 unternehmen einige ältere Historiker (Nolte, Hillgruber) den längst überfälligen Versuch, die NS-Zeit unter historischen statt wie bisher unter moralischen Gesichtspunkten zu betrachten. Sie werden von Jürgen Habermas, dem führenden Vertreter der Frankfurter Schule, und linken Geschichtlern, die im Namen der Aufklärung wirkliche Aufklärung zu strittigen Fragen verhindern, unsachlich und diffamierend angegriffen und erzielen trotz überzeugender Argumente keinen Durchbruch. Der historische Revisionismus – an sich Grundlage der Geschichtswissenschaft – kann sich im Bereich der Zeitgeschichte noch nicht durchsetzen. Nur in Einzelfällen (Katyn, Fall Barbarossa, Zahl der Auschwitz-Opfer, Reichstagsbrand) können revisionistische Erkenntnisse nicht länger verschwiegen werden.

Der ab 1985 weiter zunehmende Druck der im Rahmen einer neuen Umerziehungswelle gesteuerten öffentlichen Meinung wird um 1990 in dem Ausdruck **Political Correctness** begrifflich gefaßt, der den früheren ›Grundkonsens der Demokraten‹ ablöst. Er legt Tabuzonen fest, deren Grenzen man – besonders im Bereich gewisser Fragen der Zeitgeschichte – nicht ungestraft überschreiten darf. Opfer dieser trotz grundgesetzlich garantierter Meinungsfreiheit herrschenden Intoleranz werden neben einer Reihe anderer Bundestagspräsident Philipp Jenninger (1988) und Steffen Heitmann (1993), die sich mit wenigen Worten um Amt und Karriere reden. Gesetzliche Auswirkungen hat diese herrschende Meinung auch im Auschwitzlüge-Gesetz vom 25. 4. 1985, das erstmals ein Gesinnungsstrafrecht schafft, indem es Zweifel an geltenden Ansichten zu bestimmten Ereignissen der Zeitgeschichte mit Strafe bedroht, und praktisch die Buchzensur einführt. Es wird in der Folgezeit zunehmend gegen Autoren und Verleger von Büchern zur Zeitgeschichte angewendet. Die wissenschaftliche Forschung auf diesem Gebiet kommt dadurch praktisch zum Erliegen (Skandale um die Professoren Diwald, Nolte, Hepp, Adler).

Der Abstand zwischen öffentlicher (Volks-)Meinung und die Political Correctness vertretender veröffentlichter (Medien-)Meinung wird in den 90er Jahren immer größer. Eine tiefe Politikverdrossenheit weiter Kreise, die sich auch in sinkender Wahlbeteiligung äußert, hat nicht zuletzt in der unsinnigen Überzogenheit der Umerziehung ihre Ursache. Der Ruf nach einer dringend notwendigen geistigen Wende und nach einem Ablegen der Besiegten- und Sühnementalität wird immer lauter. Mehr als 50 Jahre nach dem Ende des Krieges steht eine neue Generation an der Jahrtausendschwelle vor der Entscheidung, ob sie sich weiterhin politisch korrekt im Sinne der Sieger und Mitsieger von 1945 und angepaßt verhalten soll oder ob sie nicht endlich mündig werden will.

Personenverzeichnis

Molotow, Wjatscheslaw
  Michailowitsch 129
Moltke, Helmuth Graf von 95f., 102
Mommsen, Theodor 105
Moritz von Sachsen 63, 67
Mozart, Wolfgang Amadeus 80
Müller, Johannes (Regiomontanus)
  65
Münchhausen., Börries von 160
Münzer, Thomas 64
Mussolini, Benito 125

Napoleon I. 84-89
Napoleon III. 96f.
Nettelbeck, Joachim 85
Neumann, Balthasar 72
Newton, Isaak 72
Niebuhr, Barthold Georg 86, 92
Nietzsche, Friedrich 105
Nikolaus von Oresme 60
Nikolaus von Kues s. Kues, Nikolaus
  von
Nolte, Ernst 166f.
Norbert von Magdeburg 40
Novalis, Friedrich Leopold Freiherr
  von Hardenberg 81

Oberth, Hermann 162
Odoakar 20
Odin 8, 16, 32
Opitz, Martin 72
Orlando, Vittorio Emanuele 113
Otfried 33
Otto I. 33-37, 39f., 47
Otto II. 35f.
Otto III. 35f.
Otto IV. 41, 43f., 46

Palm, Johann Philipp 85
Papen, Franz von 122f.
Paracelsus 65
Pétain, Philippe 129
Philipp von Hessen 62
Philipp von Schwaben 43
Philipp II. von Frankreich 43
Pieck, Wilhelm 138

Piloty, Karl von 105
Pippin der Kurze 23
Pippin der Mittlere 23, 26
Planck, Max 162
Pöppelmann, Daniel 72
Poincaré, Raymond 108
Pollock, Friedrich 165
Proudhon, Pierre Joseph 100

Quisling, Vidkun Abraham Lauritz
  129

Raabe, Wilhelm 105
Ragnar 31
Ranke, Leopold von 92, 105
Rathenau, Walther 121
Reagan, Ronald 166
Reinmar der Alte 55
Rembrandt, Harmensz van Rijn 72
Reuchlin, Johannes 61, 65
Reuter, Fritz 90
Reuter, Admiral von 113
Richard von Cornwall 56
Richard Löwenherz 43
Richelieu, Armand Jean du Plessis
  Herzog von 70f.
Riemenschneider, Tilmann 64, 66
Rilke, Rainer Maria 160
Robert Guiskard 32
Röhm, Ernst 123, 126
Roger I. von Sizilien 32
Roger II. von Sizilien 32
Rohwedder, Detlev Karsten 152
Rommel, Erwin 130
Roon, Albrecht Graf von 102
Roosevelt, Franklin Delano 128,
  130ff., 134
Rubens, Peter Paul 72
Rudolf von Habsburg 56f.
Rudolf von Schwaben 39, 41
Runciman, Walter 125
Rurik 31

Salm, Niklas Graf von 63
Sand, Karl Ludwig 89
Savigny, Friedrich Karl von 86

Schäfer, Wilhelm 161
Scharnhorst, Gerhard Johann David
  von 86f.
Scheel, Walter 141f.
Scheffel, Viktor von 105
Scheidemann, Philipp 113f.
Schelling, Friedrich Wilhelm 81
Schenkendorf, Max von 87
Schill, Ferdinand von 86f.
Schiller, Friedrich von 79f., 86
Schlageter, Albert Leo 119
Schlegel, August Wilhelm 81
Schlegel, Friedrich 81
Schleicher, Kurt von 122f.
Schleiermacher, Friedrich Ernst
  Daniel 86
Schlosser, Friedrich Christoph 92
Schlüter, Andreas 72
Schmidt, Helmut 142f., 146
Schmitt, Carl 164
Schopenhauer, Arthur 91, 105
Schröder, Rudolf Alexander 161
Schubart, Christian Friedrich Daniel
  79
Schubert, Franz 81, 92
Schütz, Heinrich 72
Schumann, Robert 92
Schuschnigg, Kurt von 125
Schwarzenberg, Karl Philipp Fürst
  zu 87
Schwerin-Krosigk, Johann Ludwig
  Graf 133
Seidel, Ina 161
Seldte, Franz 122f.
Seuse, Heinrich 55
Severing, Carl 122
Seydlitz, Friedrich Wilhelm Freiherr
  von 76
Sickingen, Franz von 62
Sigismund I. 57f., 60
Silesius, Angelus 72
Sonnino, Giorgio Sydney Baron 113
Spengler, Oswald 161
Stadion, Johann Philipp Graf von
  86, 89
Stalin, Josef 131f., 134
Stauffenberg, Claus Graf Schenk von
  132
Stehr, Hermann 161
Stein, Karl Reichsfreiherr vom und
  zum 86-90
Stifter, Adalbert 91, 104
Stoltenberg, Gerhard 146
Stoph, Willi 142, 150
Storm, Theodor 105
Straßmann, Fritz 162
Strauß 91
Strauß und Torney, Lulu von 160
Stresemann, Gustav 119f.
Süßmuth, Rita 147

Taafe, Eduard Graf von 104
Tacitus, Cornelius 18
Tassilo 27
Tauler, Johannes 55
Teja 20
Tetzel, Johannes 61
Thatcher, Margaret 150
Theoderich der Große 20
Theophano 35
Thieß, Frank 161
Thoma, Ludwig 161
Thor 16, 32
Thorak, Josef 165
Thusnelda 18
Tiberius, Claudius Nero 17
Tieck, Ludwig 81
Tilly, Johann Tserclaes Graf von 69f.
Tirpitz, Alfred von 108
Totila 20
Trajan 18
Trakl, Georg 161
Treitschke, Heinrich von 105
Trotha, Adolf von 156
Trotzki, Leo 111
Tyr 16

Uhland, Ludwig 91f.
Ulbricht, Walter 138

Varus, Publius Quintilius 17
Vischer Hans 65
Vischer, Hermann 65

175

Weiterführende Literatur

Gesamtdarstellungen

Hans-Joachim Berbig, *Kleine Geschichte der deutschen Nation*, Düsseldorf 1985

Hellmut Diwald, *Geschichte der Deutschen*, Frankfurt–Berlin 1978

Ders. (Hg.), *Propyläen Geschichte Europas*, 6 Bde., Berlin 1982

Emil Franzel, *Geschichte des deutschen Volkes*, München 1974

Michael Freund, *Deutsche Geschichte*, München 1979

B. Gebhardt, Herbert Grundmann (Hg.), *Handbuch der deutschen Geschichte*, 22 Bde., Stuttgart 1988

Adolf Helbok, *Deutsche Volksgeschichte*, Tübingen, 2 Bde. 1964/67

Manfred Höfer, *Die Kaiser und Könige der Deutschen*, Graz 1994

Hubertus Prinz zu Löwenstein, *Deutsche Geschichte*, München–Berlin 1976

Rolf Schiebler, *4000 Jahre Geschichte*, Berg 1985

Theodor Schieder (Hg.), *Handbuch der europäischen Geschichte*, 7 Bde., Stuttgart 1979–87

Dietrich Schuler, *Der Aufstand der Verpflanzten*, Tübingen 1988

Gerhard Taddey (Hg.), *Lexikon der deutschen Geschichte*, Stuttgart 1983

Gesamtgeschichte einzelner Landschaften

Renate Basch-Ritter, *Zwischen Donau und Adria*, Graz 1994

Franz Kurowski, *Das Volk am Meer*, Berg 1985

Alfred Schickel, *Deutsche und Polen*, Bergisch Gladbach 1985

Franz Kurowski, *Schwertgenossen Sahsnotas. Die große Geschichte der Sachsen*, Berg 1986

Vor- und Frühgeschichte

Rainer Christlein, *Die Alamannen*, Stuttgart 1979

Hans-Joachim Diesner, *Die Völkerwanderung*, Gütersloh 1976

Aulo Engler, *Europas Stunde Null*, Berg 1993

Wilfried Peter A. Fischer, *Alteuropa in neuer Sicht*, Münster 1986

Alfred Franke, *Rom und die Germanen*, Tübingen 1980

Otto Hantl, *Der Urglaube Alteuropas*, Tübingen 1983

Jean Haudry, *Die Indo-Europäer*, Wien 1986

Wolfram Herwig, *Das Reich und die Germanen*

Konrad Höfinger, *Germanen gegen Rom*, Tübingen 1986

H. K. Horken, *Ex nocte lux,* Tübingen 1996
Jörg Jarnut, *Geschichte der Langobarden,* Stuttgart 1982
Lothar Kilian, *Zum Ursprung der Indogermanen,* Bonn 1983
Hans Jürgen Marquardt, *Vom Ursprung der Deutschen,* Tübingen 1995
Gert Meier u. Hermann Zschweigert, *Die Megalithkultur,* Tübingen 1997
Wilfried Menghin, *Die Langobarden,* Stuttgart 1985
Elisabeth Neumann-Gundrum, *Europas Kultur der Groß-Skulpturen,* Gießen 1981
Hermann Noelle, *Die Langobarden,* Leoni 1978
Kurt Pastenaci, *Das viertausendjährige Reich der Deutschen,* Nachdruck Viöl 1992
Hans Reinerth, *Vorgeschichte der deutschen Stämme,* 3 Bde., Struckum 1986
Heinz Ritter-Schaumburg, *Der Cherusker,* München 1988
Ders., *Die Hermannschlacht,* Kiel 1994
Otto Sigfrid Reuter, *Germanische Himmelskunde,* Nachdruck Bremen 1982
Helmut Schröcke, *Germanen – Slawen,* Viöl 1996
Jürgen Spanuth, *Atlantis,* Tübingen 1965
Ders., *Die Atlanter,* Tübingen 1976
Ders. , *Die Rückkehr der Herakliden,* Tübingen, 1989
Britta Verhagen, *Götter am Morgenhimmel,* Tübingen 1983
Gabrie Garcia Volta, *Die Westgoten,* Leoni 1981
Dorothea Wachter, *Die Burgunden,* Kiel 1987
Franz Wolff, *Ostgermanien,* Tübingen 1977
Herwig Wolfram, *Geschichte der Goten,* München 1983

Mittelalter

Paul Barz, *Heinrich der Löwe,* Bonn 1977
Jacques Benoist-Méchin, *Friedrich II. von Hohenstaufen,* 1983
Hartmut Boockmann, *Einführung in die Geschichte des Mittelalters,* München 1985
Ders., *Der Deutsche Orden,* München 1994
Franco Cardini, *Friedrich I. Barbarossa,* Graz 1990
Hellmut Diwald, *Heinrich der Erste,* Bergisch-Gladbach 1987
Friedrich Einsiedel, *Heinrich I.,* Leoni 1980
Odilo Engels, *Die Staufer,* Stuttgart 1983
Gustav Faber, *Der Traum vom Reich. Die Ottonen und Salier,* Graz 1985
Konrad Fritze u.a., *Die Geschichte der Hanse,* Berlin 1985
Horst Fuhrmann, *Deutsche Geschichte im hohen Mittelalter,* Göttingen 1983
Reiner Haussherr (Hg.), *Die Zeit der Staufer,* Stuttgart 1977
Hermann Heimpel, *Deutschland im späteren Mittelalter*, Konstanz 1957
Robert Holtzmann, *Geschichte der sächsischen Kaiserzeit 900–1024,* München 1979
Karl Jordan, *Heinrich der Löwe,* München 1980
Karl Ipser, *Der Staufer Friedrich II.,* Berg 1989
Hellmut Kämpf (Hg.), *Die Entstehung des Deutschen Reiches,* Darmstadt 1963

F. Donald Logan, *Die Wikinger in der Geschichte*, Stuttgart 1987
Georgina Masson, *Das Staunen der Welt. Friedrich II. von Hohenstaufen*, Stuttgart 1989
Karl Pagel, *Die Hanse*, Köln 1991
Klaus Schelle, *Karl der Kühne*, Stuttgart 1977
Karl Rudolf Schnith (Hg.), *Mittelalterliche Herrscher in Lebensbildern*, Graz 1990
Alfred Thoß, *Heinrich I.*, Goslar 1936, Nachdruck 1985
Dorothea Wachter, *Aufstieg der Habsburger*, Berg 1983
Dies., *Sie bauten das Reich*, Berg 1980
Stefan Weinfurter (Hg.), *Die Salier und das Reich*, 3 Bde., Stuttgart 1991
Ders., *Herrschaft und Reich der Salier*, Stuttgart 1991
Jochen Wittmann, *Die Daglinger / Piasten*, Ardagger 1993
Dieter Zimmerling, *Der Deutsche Ritterorden*, Düsseldorf 1994
Ders., *Die Hanse*, Berlin 1993

Neuzeit

Karl O. von Aretin, *Friedrich der Große*, Freiburg 1985
Ders., *Vom Deutschen Reich zum Deutschen Bund*, Göttingen 1980
B. Beuys, *Der große Kurfürst*, Reinbek 1984
Karl Brandi, *Reformation und Gegenreformation*, Frankfurt/M 1979
Werner Conze (Hg.), *Staat und Gesellschaft im deutschen Vormärz 1815–1848*, Stuttgart 1978
Richard Dietrich, *Preußen, Epochen und Probleme seiner Geschichte*, Berlin 1964
Hellmut Diwald, *Wallenstein*, München-Esslingen 1969
Ders., *Luther*, Bergisch Gladbach 1982
Ders. (Hg.), *Im Zeichen des Adlers. Porträts berühmter Preußen*, Bergisch Gladbach 1981
Ernst Engelberg, *Bismarck*, 2 Bde., München 1985
Georg Franz Willing, *Die technische Revolution im 19.Jahrhundert*, Tübingen 1989
Gertrud Fussenegger, *Maria Theresia*, München 1986
Fritz Hartung, *Deutsche Geschichte im Zeitalter der Reformation, der Gegenreformation und des 30jährigen Krieges*, Berlin 1971
Gerd Heinrich, *Geschichte Preußens*, Berlin-Wien 1981
Andreas Hillgruber, *Die gescheiterte Großmacht*, Düsseldorf 1984
Walther Hubatsch, *Das Zeitalter des Absolutismus 1600–1789*, Braunschweig 1975
Ders., *Grundlinien preußischer Geschichte*, Darmstadt 1985
Heinz Kathe, *Der Soldatenkönig*, Köln 1981
Walter Koschatzky (Hg.), *Maria Theresia und ihre Zeit*, Salzburg 1979
Hannsjoachim W. Koch, *Die Befreiungskriege*, Berg 1987
Berthold Maack, *Preußen – Jedem das Seine*, Tübingen 1980
Ingrid Mittenzwei, *Friedrich II. von Preußen*, Köln 1983

Horst Möller, *Deutsche Aufklärung 1740–1815,* Frankfurt/ M. 1985
Thomas Nipperdey, *Deutsche Geschichte 1800–1866,* München 1985
Theodor Schieder, *Friedrich der Große,* Frankfurt 1983
Franz Schnabel, *Deutsche Geschichte im 19.Jahrhundert,* 4 Bde., Freiburg 1964/65
Hans-Joachim Schoeps, *Deutsche Geistesgeschichte der Neuzeit,* 5 Bde., Mainz 1976–80
Ders., *Preußen, Geschichte eines Staates,* Berlin 1966
Hagen Schulze, *Der Weg zum Nationalstaat,* München 1985
Michael Stürmer, *Das ruhelose Reich. Deutschland 1866–1918,* Göttingen 1983
Ders. (Hg.), *Das kaiserliche Deutschland,* Düsseldorf 1970
Ders., *Die Reichsgründung,* München 1984
Wilhelm Treue, *Drei deutsche Kaiser,* Freiburg 1988
Franz Uhle-Wettler, *Höhe- und Wendepunkte deutscher Militärgeschichte,* Mainz 1984
Brigitte Vacha, *Die Habsburger,* Graz 1992
Wolfgang Vehnor, *Fridericus Rex – Friedrich der Große,* Bergisch Gladbach 1987
Ders., *Der Soldatenkönig,* Berlin 1989
Adam Wandruszka, *Maria Theresia,* Göttingen 1980
Ders., *Das Haus Habsburg,* Wien 1989

20. Jahrhundert

Dirk Bavendamm, *Roosevelts Krieg 1937–1945,* München-Berlin 1993
Jacques Benoist-Mechin, *Geschichte der deutschen Militärmacht 1918–1946,* 10 Bde., Oldenburg 1965/67
Wolfgang Behr, *Bundesrepublik Deutschland,* Stuttgart 1985
Karl D. Bracher u.a. (Hg.), *Geschichte der Bundesrepublik Deutschland,* Stuttgart–Wiesbaden 1981/86
Heinrich Dietwart, *Hundert Jahre deutsches Schicksal,* Pr. Oldendorf 1981
Deutscher Taschenbuch Verlag (Hg.), *Die Wehrmachtberichte 1939–1945,* 3 Bde., München 1985
Karl D. Erdmann u. Hagen Schulze (Hg.), *Weimar,* Düsseldorf 1980
Theodor Eschenburg, *Die Republik von Weimar,* München 1984
Erich Eyck, *Geschichte der Weimarer Republik,* 2 Bde., Zürich 1973
Georg Franz-Willing, *Die Hitlerbewegung,* Hamburg 1962
Ders., *Der Zweite Weltkrieg,* Leoni 1979
Ders., *Ursprung der Hitlerbewegung 1919–1922,* Pr. Oldendorf 1974
Ders., *Krisenjahre der Hitlerbewegung,* Pr. Oldendorf 1975
Ders., *Umerziehung,* Coburg 1991
Ders., *Vergangenheitsbewältigung,* Coburg 1992
Klaus Hildebrandt, *Das Dritte Reich,* München–Wien 1980
Andreas Hillgruber u. Gerhard Hümmelchen, *Chronik des Zweiten Weltkrieges,* Düsseldorf 1978

Andreas Hillgruber, *Deutsche Geschichte 1945–1985,* Stuttgart 1984

Joachim Hoffmann, *Stalins Vernichtungskrieg 1941–1945,* München 1995

David L. Hoggan, *Der erzwungene Krieg,* Tübingen 1961

Erich Kern, *Opfergang eines Volkes,* Göttingen 1962

Ders., *Von Versailles nach Nürnberg,* Göttingen 1967

Ders., *Adolf Hitler und seine Bewegung,* Pr. Oldendorf 1970

Paul Kirn, *Politische Geschichte der deutschen Grenzen,* Mannheim 1958

Max Klüver, *Vom Klassenkampf zur Volksgemeinschaft,* Berg 1988

Eberhard Kolb, *Die Weimarer Republik,* München 1993

Rolf Kosiek, *Jenseits der Grenzen. 1000 Jahre Volks- und Auslandsdeutsche,* Tübingen 1987

Dirk Kunert, *Ein Weltkrieg wird programmiert,* Kiel 1984

Franz Kurowski, *Der Luftkrieg über Deutschland,* Düsseldorf–Wien 1977

Hans Werner Neulen, *Europa und das 3. Reich,* München 1987

Ludwig Peters, *Volkslexikon Drittes Reich,* Tübingen 1994

Paul Rassinier, *Die Jahrhundert-Provokation,* Tübingen 1988

Rüdiger Ruhnau, *Danzig. Geschichte einer deutschen Stadt,* Würzburg 1971

Waldemar Schütz (Hg.), *Deutsche Geschichte im 20. Jahrhundert: Chronologie,* Rosenheim 1990

Ders.(Hg.), *Deutsche Geschichte im 20.Jahrhundert: Lexikon,* Rosenheim 1990

Statistisches Bundesamt (Hg.), *Die deutschen Vertreibungsverluste,* Wiesbaden–Stuttgart 1959

Michael Stürmer (Hg.), *Die Weimarer Republik,* Meisenheim 1980

Helmut Sündermann, *Das Dritte Reich,* Leoni 1964

Dieter Vollmer, *Politisches Geschehen des XX. Jahrhunderts,* Pr. Oldendorf 1972–74

Hermann Weber, *Geschichte der DDR,* München 1985

Frühgeschichte bei Grabert

Hans-Jürgen Marquart
Vom Ursprung der Deutschen
240 S., 50 Abb. **DM 29.80**
ISBN 3-87847-145-9

Britta Verhagen
Kam Odin-Wodan aus dem Osten?
176 S., 42 Abb. **DM 26.80**
ISBN 3-87847-135-1

Britta Verhagen
Dreizehn Nächte in Norge
228 S., Ln. **DM 32.-**
ISBN 3-87847-114-8

Jürgen Spanuth
Die Atlanter. Volk aus dem Bernsteinland
508 S., 50 Abb. **DM 38.-** ISBN 3-87847-098-3

Jürgen Spanuth
Die Rückkehr der Herakliden
Das Erbe der Atlanter – der Norden
als Ursprung der griechischen Kultur
322 S., Ln., 100 Abb. **DM 45.-**
ISBN 3-87847-097-5